FELT BOOK

143 RECIPES

minimofuu toy の
子どもがよろこぶ
フェルトの
ごっこあそびとおままごと

朝日新聞出版

minimofuu toy の子どもがよろこぶ
フェルトのごっこあそびとおままごと

CONTENTS

Part 3 おでかけごっこあそび　P26

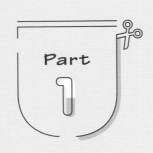

Part 1 なりきりごっこあそび

01 お世話セット／02 メイクセット／03 お医者さんセット

今日はなにをしてあそぶ?

手作りのフェルトトイを見せたら、
子どもたちは、 もう夢中……。
どんなあそびがはじまるかな?

01／お世話セット

ぬいぐるみにスタイやおむつをつけたり、
ほにゅうびんでミルクをあげてみたり……。
だっこひもを使えば、いつでも一緒。

作り方
P42

A ぬいぐるみ［クマ］　B ぬいぐるみ［ネコ］　C ぬいぐるみ［ライオン］
D スタイ（白）　E スタイ（ピンク）　F おむつ（水色）　G おむつ（黄色）
H ほにゅうびん　I だっこひも

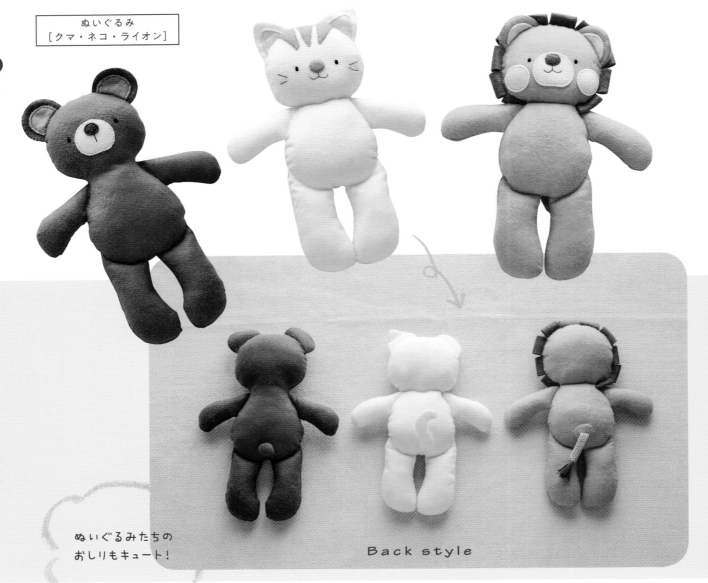

ぬいぐるみたちの
おしりもキュート！

Back style

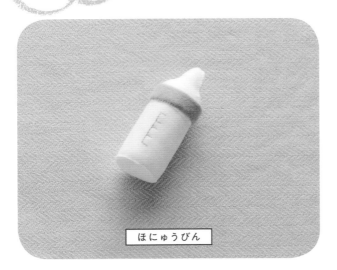

ほにゅうびん

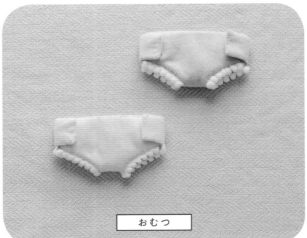

おむつ

だっこひもをつかって
ママやパパの気分で♪

だっこひも

みるく
おいしい?

スタイとおむつは
かわいい2色！

スタイ

02 / メイクセット

かわいいメイク道具に囲まれたら、
すっかりお姉さんの気分♪
おしゃれしておでかけしよう。

作り方
P**46**

ハートのリップって
すてきでしょ？

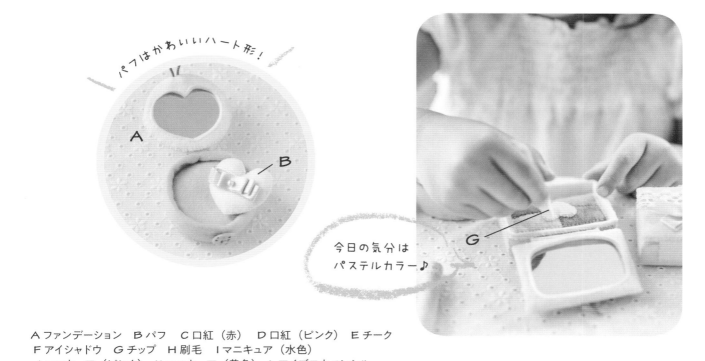

パフはかわいいハート形！

A

B

今日の気分は
パステルカラー♪

G

A ファンデーション　B パフ　C 口紅（赤）　D 口紅（ピンク）　E チーク
F アイシャドウ　G チップ　H 刷毛　I マニキュア（水色）
J マニキュア（ピンク）　K マニキュア（黄色）　L アイブロウペンシル

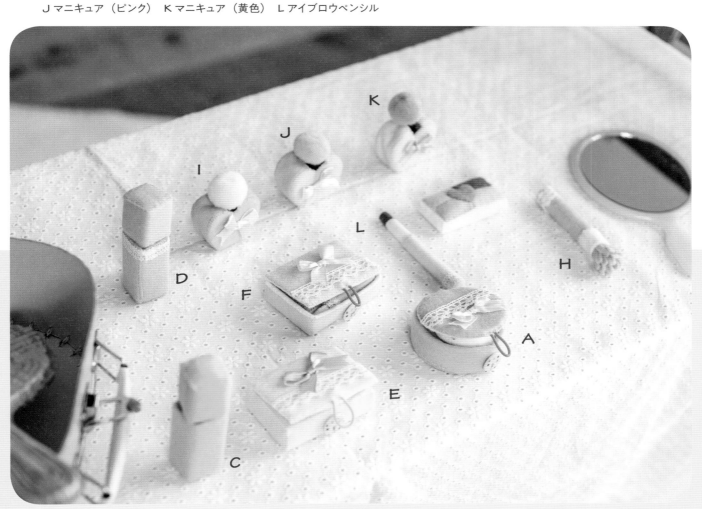

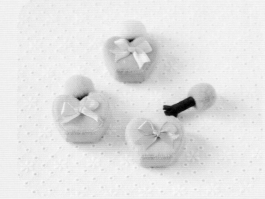

ハートの形が
ポイント❤

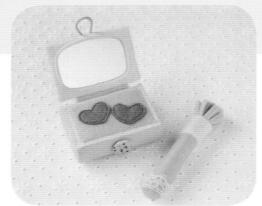

ケースに
鏡がついているのも
本格的♪

レフィルは
好みの色に
入れかえられる!

レースがステキな
アクセント

お気に入りの
アイテムで
メイクしよう♪

ちっくんすれば
すぐによくなりますよ

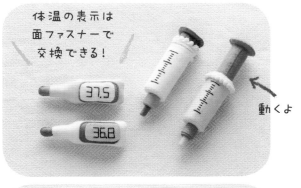

体温の表示は
面ファスナーで
交換できる!

37.5

36.8

動くよ

120
80
60

03 / お医者さんセット

患者さんのぬいぐるみに、注射をしたり、
聴診器をあてたり、ばんそうこうを貼ったり。
みんなの健康を守るお医者さんになろう。

作り方
P50

いたいのいたいの
とんでけ〜!

11

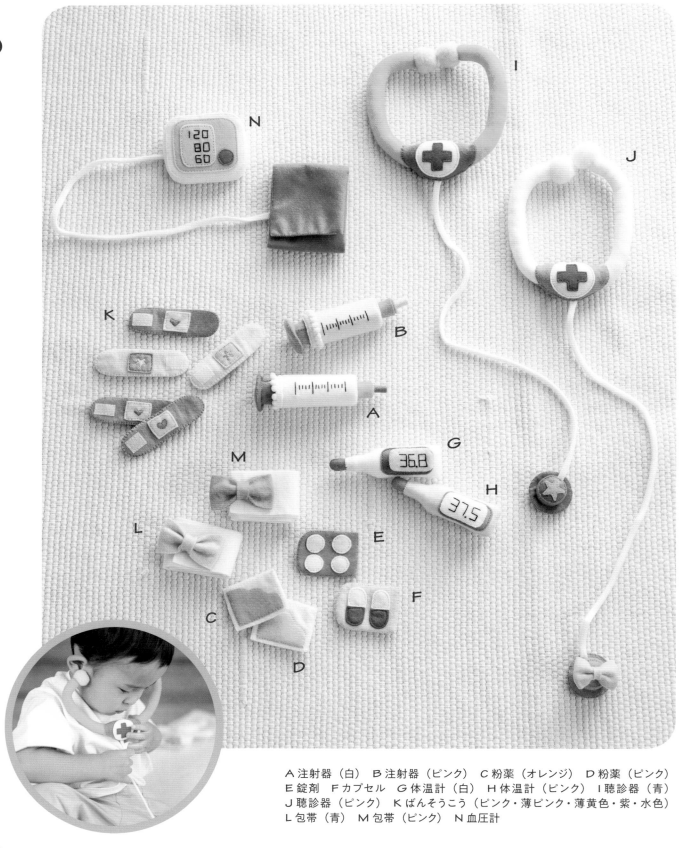

A 注射器（白）　B 注射器（ピンク）　C 粉薬（オレンジ）　D 粉薬（ピンク）
E 錠剤　F カプセル　G 体温計（白）　H 体温計（ピンク）　I 聴診器（青）
J 聴診器（ピンク）　K ばんそうこう（ピンク・薄ピンク・薄黄色・紫・水色）
L 包帯（青）　M 包帯（ピンク）　N 血圧計

Part 2 おいしいごっこあそび

今日のおやつは
　　なににする？

おいしいものは、
見ているだけで幸せ気分♪
自分で作れるから
お店屋さんごっこが楽しい!

動物クッキー
[クマ・ネコ・ウサギ]

04 ／ クレープセット

クリームやフルーツ、クッキーなど、
好きな具材を巻いて、
自分だけのクレープが完成！

作り方
P**55**

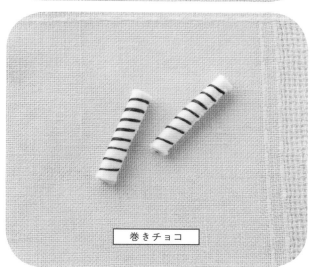

巻きチョコ

スライスりんご

バナナ

いちご

もうすぐ
できますよ〜♪

クリームは
どのくらい
いれますか？

絞り袋

サテンリボンが
ポイントに♥

トッピングクリーム

クリーム
たっぷりが
好きな人には
全部のせてね♪

クリーム①（生クリーム）

にじみたいな
カラフルなクリームを
のせてキュートに！

クリーム①（カラフル）

クリーム②（生クリーム）

クリーム②（カラフル）

アイス［ストロベリー・
ブルーハワイ・バニラ・紅イモ］

種類が
いっぱい！

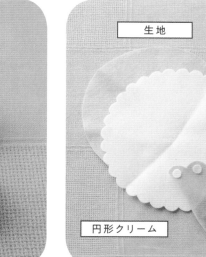

生地

円形クリーム

包み紙

ホイップクリーム（生クリーム）

ホイップクリーム（ココア）

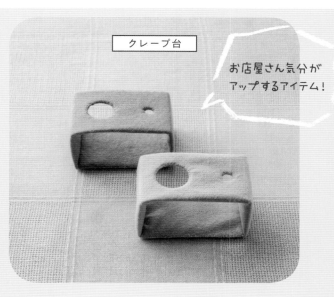

クレープ台

お店屋さん気分が
アップするアイテム！

お気に入りの
クリームやクッキーを
包んで

クレープ台に
立てるとかわいい♪

05 ／ パン＆ドーナツセット

作り方
P60

トレーにのせてパン屋さんごっこ♪
おしゃれなふくろやボックスに
入れてみると、ワクワクするよ！

チョココロネ

メロンパン

クリームパン

フランスパン

あんぱん

リングドーナツ
[抹茶・ストロベリー]

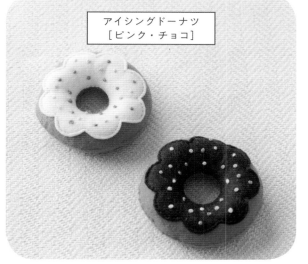

アイシングドーナツ
[ピンク・チョコ]

星形ドーナツ & ハート形ドーナツ

パクパクパク…
おいしい？

06 / お寿司セット

「へい、らっしゃい！」
今日はお寿司屋さんに大変身♪
なにからにぎってみる？

作り方
P65

さびぬきも
作れるよ！

ネタとシャリは自由に
組み合わせられるので
お好みに合わせて♪

握りのシャリ
（さびぬき）

握りのシャリ
（さび入り）

握りのシャリ
（さび入り）

握りのネタ
（鯛）

握りのネタ
（マグロ）

握りのネタ
（サーモン）

どれが
いちばん好き？

握り（サーモン・玉子）　軍艦巻き（ウニ）

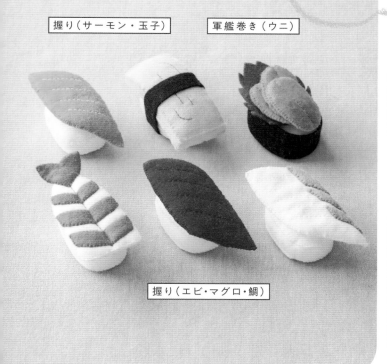

握り（エビ・マグロ・鯛）

握り（玉子）

軍艦巻き（ウニ）

茶碗蒸しは
ふたを取りはずしできる！

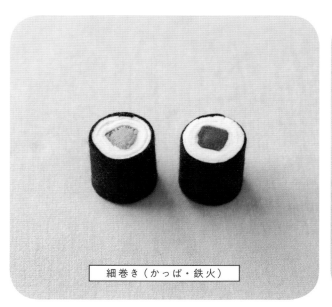

細巻き（かっぱ・鉄火）

茶碗蒸し

07 / ケーキセット

ケーキスタンドにのせても、
ボックスに入れてもかわいい！
ケーキ屋さんごっこも盛り上がる♪

作り方
P**70**

お友だちもよんで
おやつタイムの
はじまり～！

8つ作れば
ホールケーキに
なるよ！

ショートケーキ

チョコレートケーキ

ベリームースケーキ

モンブラン

レアチーズケーキ

カスタードと
パイを重ねてね！

ミルフィーユ

08 / キッシュ＆サンドイッチセット

キッシュとサンドイッチでランチパーティー♪
今日の具はなににする？　好きなものをはさもう！
上手に作れるかな？

作り方
P**73**

おいしいランチ
いただきます〜！

オープンサンドは
具をのせて
楽しもう！

バゲットサンド

具をたっぷり入れると
ボリューム満点！

バゲット

きゅうり

エビ

レタス

ゆで卵

アボカド

トマト

ジャムをのせて…♪

ジャムトースト

食パン

バタートースト

キッシュ

食パンで
はさんでみたり…♪

Part 3 おでかけごっこあそび

09 のりものセット／10 おでかけセット／11 お弁当セット
12 八百屋さんセット

これからどこに行こうか？

想像力いっぱいの子どもたち。
おうちの中にいても、
大冒険ができるんです！

09／のりものセット

作り方
P76

道路や信号をならべたオリジナルの町に、
好きな車を走らせよう！
電車は線路付きのプレイマットで遊べるよ。

救急車

消防車

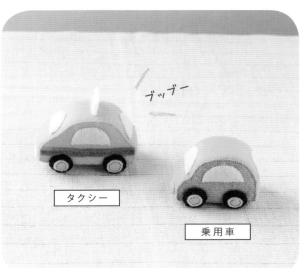

ブッブー

タクシー

乗用車

バス

パトカー

27

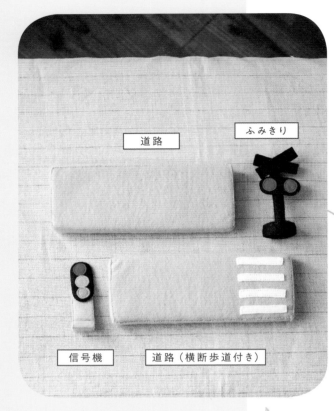

道路

ふみきり

信号機

道路（横断歩道付き）

プレイマットの上に
道路をつなげて
信号機やふみきりをおいてみて♪

プレイマットは
線路付き！

プレイマット

新幹線

スナップボタンで
つなげたりはずしたりも
できるよ！

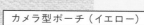
カメラ型ポーチ（イエロー）

10 ／ おでかけセット

カメラ型ポーチにはなにを入れる？
お気に入りの色を選んで出発しよう。
ハッピーな1日になることまちがいなし！

作り方
P**80**

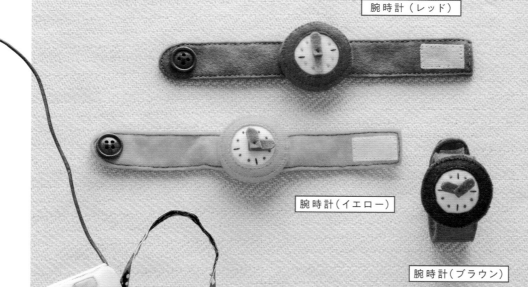

腕時計（レッド）

腕時計（イエロー）

腕時計（ブラウン）

カメラ型ポーチ（ブラウン）

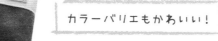
カラーバリエもかわいい！

カメラ型ポーチ（レッド）

パシャリ！

11 / お弁当セット

ピクニックには、かわいいお弁当を♪
ワクワクいっぱいのバスの形のお弁当箱に、
おにぎりやおかずをつめたら完成!

作り方
P**82**

お弁当にはなにが入っているかな？

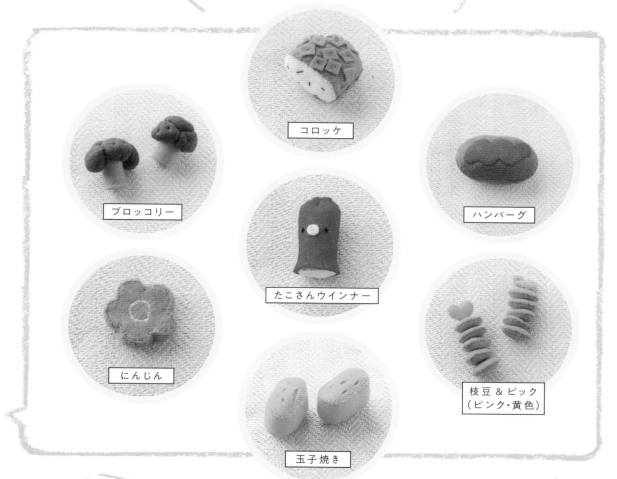

コロッケ

ブロッコリー

ハンバーグ

たこさんウインナー

にんじん

枝豆 & ピック
（ピンク・黄色）

玉子焼き

具を入れかえて
あそんでね！

うめぼしおにぎり

高菜おにぎり

鮭おにぎり

ポン！

開けるのが
楽しみ！

ふたは磁石で
とめられるよ

お弁当箱

12 ／ 八百屋さんセット

お買いものごっこの舞台は商店街。
いつもの八百屋さんには、
新鮮なお野菜とくだものがたくさん！

作り方
P86

お野菜

にんじん

たまねぎ

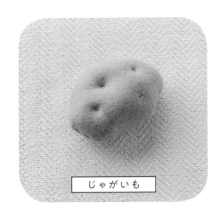

じゃがいも

りんごをひとつ
くださいな♪

くだもの

りんご

バナナ

みかん

どれから
食べる?

フェルトトイのきほんの作り方

まずはきほんを知ってから、楽しい作品作りをスタートしましょう。
材料と道具、基本の縫い方、この本に出てくるステッチ（刺繍）を紹介します。

材料と道具

身近な材料と道具で、気軽にはじめられることが、フェルトトイの大きな魅力です。

手元にある材料や道具を
使用して自由に作っても
OKです！

カッター

家庭にあるものを使いましょう。型紙やメラミンスポンジをカットするときに使います。

はさみ

フェルトのカットは、クラフト用のはさみがカットしやすくておすすめ。糸切りばさみもあるとよいでしょう。

フェルト

20cm角のものが一般的です。40cm角の大きいサイズもあります。作品に合わせた色のフェルトを準備しましょう。

縫い針・刺繍針・まち針

一般的な縫い針を使います。ステッチ（刺繍）をする作品は、刺繍針を使います。まち針は仮どめをするときに使います。

ひも

カラーテープやリボンテープなど作品に合った種類で、長さや太さを確認して準備しましょう。色や柄などは好みのものを選んでもOKです。

刺繍糸・ミシン糸

基本的には色の豊富な刺繍糸を使います。25番を使うと縫い目の目立たない作品になります。ミシン糸は丈夫なので、たっぷり綿を詰めるときや強度が必要なときに。

油性ペン

型紙をクリアファイルに書き写すときに使います。

面ファスナー

一般的な面ファスナーでOKです。作品に合ったサイズにカットして使いましょう。

チャコペン

時間がたつと自然と消えるものがおすすめ。色の濃いフェルトには、白のチャコペンで描くと見やすくなります。

手芸綿・キルト芯

一般的な手芸綿を使いましょう。キルト芯は接着面がない厚手のものを使用します。ふわふわしたタイプではなく圧縮タイプがおすすめです。

厚紙

一般的な工作用の厚紙を使用します。A4サイズ、両面白色、厚さは0.5mmがおすすめです。厚紙を入れることで形を整えることができます。

メラミンスポンジ

一般的なメラミンスポンジを使いましょう。手軽にきれいな形を作ることができます。作品に合ったサイズを選びましょう。

クリアファイル

型紙を写して使います。クリアファイルは丈夫なので、何度もくり返し使うことができます。トレーシングペーパーでもOK。

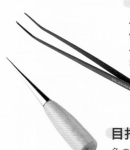

ピンセット

小さい作品を作るときにあると便利です。小さいパーツをひろったり、綿を詰めたりするときに使います。

目打ち

角の形を整えたり、刺繍糸を引き抜いたり、細かい作業をするときにあると便利です。

アルミシート

キッチン用のアルミシートを使います。アルミ箔や銀紙で代用してもOKです。

接着剤

布に使える、手芸用の接着剤がおすすめです。

定規

型紙をクリアファイルに書き写すときや、フェルトのサイズをはかるときに使います。

セロハンテープ

型紙を写すときに固定したり、仮止めしたりするときに使います。

きほんの縫い方 | フェルトトイの作品に使うきほんの縫い方を紹介します。本書では、たてまつり縫いと、巻きかがり縫いがよく出てきます。

なみ縫い

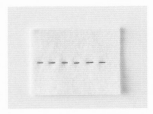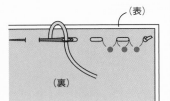

（表）
（裏）

フェルトの表と裏を等間隔で縫います。きほんの縫い方です。

たてまつり縫い

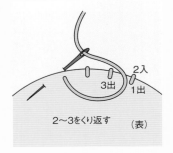

2入
3出 1出
2〜3をくり返す （表）

土台になるフェルトと縫いつけるフェルトを、すくうように縫います。

返し縫い

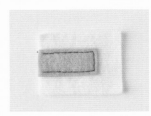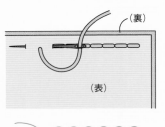

（裏）
（表）

一針ずつ戻るように刺すことで、間をあけずに縫う縫い方です。

巻きかがり縫い

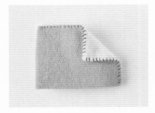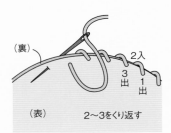

（裏）
（表）
2入
3出 1出
2〜3をくり返す

フェルト2枚を外表に合わせ、布端を巻くように縫います。

本書に出てくるステッチ（刺繍） | フェルトトイに飾りや模様を入れるときは、ステッチを使います。本書では、ステッチのことを St. と表します。

ストレート St.

1出
2入
→ ||||

バック St.

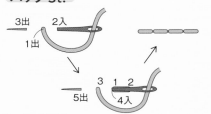

3出 2入
1出
3 1 2
5出 4入

ブランケット St.

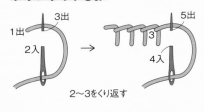

1出 3出
2入
→ 5出
3
4入
2〜3をくり返す

サテン St.

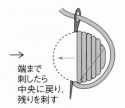

2入
1出 3出
→ 端まで刺したら中央に戻り、残りを刺す

フレンチノット St.

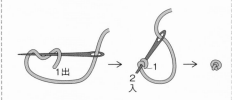

1出
2入 1
→ 🌀

レゼーデイジー St.

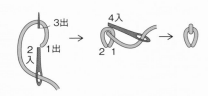

3出
2入 1出
→ 4入
2 1
→

型紙の使い方

作りたい作品が決まったら、まずは型紙を準備しましょう。
トレーシングペーパーでもよいですが、クリアファイルはくり返し使えて便利です。

❶ 型紙の上にクリアファイルを置いて油性ペンでなぞります。

❷ 写した線に沿って、はさみでクリアファイルをカットします。

❸ フェルトの上に型紙を置き、チャコペンなどで印をつけてから切ります。線の内側を切りましょう。

❹ ゆっくり丁寧に、線に沿ってフェルトを切りましょう。

作品を作ってみましょう！

作品の作り方を、完成まで写真付きで紹介します。
型紙を使ってフェルトをカットし、パーツを準備したらスタート！

※ここではわかりやすいように、糸の色を変えています。

1つでもかわいい♪

作るのは…
ショートケーキ P.22

手順があかれば
かんたん♪

STEP 1 ｜ いちご

·POINT·

種を作るときには、ぎゅっと糸を引いて凸凹を作りましょう。
しっかり引くことで、いちごらしい形が表現できます。

❶ 円すい形になるように、巻きかがりで縫いつけます。

❷ 表に返してから、円すい形の下側を、ぐるりと1周なみ縫いします。

❸ 糸を切らずに引っ張り、軽く絞ります。

❹ ピンセットを使い、手芸綿を詰めます。

❺ 手芸綿を詰めたら、しっかり糸を引き絞り、玉どめします。

❻ 絞り口からまっすぐに針を入れて出します。

❼ 針を出したところのすぐ近くに、針を入れます。

❽ しっかり引っ張ると、種の部分にくぼみができます。

次ページに続く ➡

⑨ 針は反対側まで通し、次の種を作ります。

⑩ 何度かくり返し、最後の種を作ったら、絞り口から針を出します。

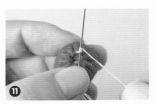

⑪ 玉どめをしたら、針と糸を中に入れます。

⑫ 糸を中から外に出したら、はさみでカットします。

STEP 2 ｜ 生クリーム

※型紙は生クリーム②を使用。

·POINT·

フェルトの厚さを見て重ねる枚数を決めましょう。
1mmの厚さのフェルトなら、5〜6枚がおすすめです。

❶ 半分に折ります。

❷ 同じパーツを2枚重ねて返し縫いで縫います。

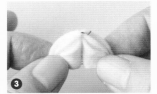

❸ 縫い合わせた面を広げます。

❹ 広げた面に3枚目のパーツを重ねます。

❺ 同じように返し縫いで縫います。

❻ 反対側に4枚目のパーツを重ねて縫ったところ。

❼ 5枚目を重ねて縫います。6枚目は厚みを見て足します。

❽ 開いてきれいに形を整えます。

STEP 3 ｜ スポンジ

·POINT·

メラミンスポンジは、先端までしっかり入れることで、きれいに仕上がります。

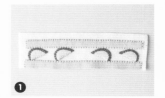

❶ 断面にパーツをたてまつりで縫いつけます。

❷ 底面を断面に巻きかがりで縫いつけます。

❸ 先端で折り、そのまま巻きかがりで縫いつけます。

❹ 上面を断面にたてまつりで縫いつけます。

⑤ メラミンスポンジにスポンジカット用の型紙を当て油性ペンでなぞります。

⑥ 描いた線に沿って、カッターで丁寧にカットします。

⑦ 斜めにならないようにカッターは垂直に入れます。

⑧ ④のパーツに、メラミンスポンジを入れます。

⑨ 側面を巻きかがりで縫いつけます。

⑩ スポンジが完成。

こんなときは？

フェルトとメラミンスポンジの形が合わない場合には、すきまに手芸綿を少し詰めてからとじると形が整います。

STEP 4 | デコレーション

·POINT·

バランスよくスポンジにパーツをのせましょう。まち針で仮止めをしてから縫います。

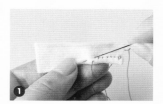

① 上面クリームは、片側ずつ巻き、巻きかがりで縫います。

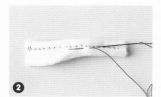

② もう片側を縫っているところ。

③ 上面クリームができたら、スポンジに縫いつけます。

④ スポンジの布をすくい、大きめのなみ縫いで縫いつけます。

⑤ 上面クリームをスポンジに縫いつけたところ。

⑥ 生クリームといちごをスポンジにのせ、まち針で固定します。

⑦ 外から見えない位置で縫いつけます。

⑧ パーツをすべて縫いつけたところ。

ワンポイントレッスン

ここでは、作り方のポイントを部分的に紹介します。
写真で確認しながら進めましょう。

クマ

ぬいぐるみ［クマ］の耳の縫い方 | Photo **P5**

❶ ボディの耳をつける位置にチャコペンで印をつけます。

❷ 内耳と耳を縫いつけたパーツを、印をつけたところに置きます。

❸ 目や鼻を縫いつけたボディの前側のパーツをその上に重ねて縫います。

❹ 4枚のフェルトをいっしょに縫います。

❺ 裏から表に針を刺したところ。

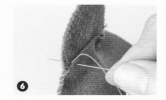

❻ 裏から見たところ。

底面

フランスパン

フランスパンのくぼみの作り方 | Photo **P18**

❶ 焼き色とくぼみのパーツを巻きかがりで縫いつけます。

❷ 表面のパーツの切り抜き部分のまわりを返し縫いします。

❸ 裏面を縫い合わせ、綿を詰めたら、焼き色とくぼみの境目に針を入れます。

❹ 玉どめは境目の間に入れましょう。針は底面まで通します。

❺ 底面から表側に針を刺します。

❻ 表に出したら、糸をぎゅっと強めに引っ張ります。

❼ 境目に沿って大きめの目で、なみ縫いをします。

❽ 端まで縫ったら強めに糸を引っ張り、裏で玉どめをします。

クレープのホイップクリーム | Photo **P17**

折り目から上下3mmのところを合わせて返し縫いします。

次の折り目で折ったら、まち針でとめ、同じように縫います。

すべての折り目を同じように縫い、幅の広いほうを波形に切ります。

蛇腹に折って端をまとめ、縫います。

わになるようにつなげて縫います。

巻きかがりで縫ったところ。

わになっているほうを引き上げます。

わのつなぎ目の上部を巻きかがりで縫います。

わのほうを指で持ち上げて、さらに上まで引き上げます。

引き上げた部分は、上から巻きかがりで縫い合わせます。

指でひねるようにするとホイップの形が表現できます。

チョコレートケーキの生クリーム① | Photo **P23**

ショートケーキのいちご（P37）と同じように作ります。

絞り口から針を入れ、側面から針を出して縫います。

裏側に通し、強めにぎゅっと引っ張ります。

なみ縫いをします。次の針は裏側まで通します。

糸を強めに引きながらなみ縫いをするとラインができます。

先のほうまでくり返し、玉どめをします。

フェルトトイの作り方

- St. は、ステッチ（刺繍）の
  ことです。
- 刺繍糸は、とくに指定のな
  い場合、1本取りです。
- 縫い方、ステッチの刺し方
  はP36に掲載しています。

01 お世話セット P5

ぬいぐるみ［クマ］ 01-1

［材料（1個分）］

フェルト …… 茶色40cm×40cm
　　　　　　　薄茶色4cm×8cm
　　　　　　　白4cm×4cm
　　　　　　　こげ茶1.5cm×1.5cm
刺繍糸 …… 茶色、白、黒
手芸綿

ぬいぐるみ［クマ］

❶ ボディ1枚に顔をつける

刺繍糸（黒）で
サテンSt.

鼻

返し縫い

口元

刺繍糸（茶色）で
ストレートSt.

ボディ

❷ 耳1枚に内耳をつけてから
　もう1枚の耳と合わせて
　巻きかがりで縫う

耳
内耳
返し縫い

巻きかがり

※もう1つ作る

※4枚のフェルトを
　いっしょに縫うので
　手足の綿は詰めすぎない
　ように注意。

❸ 手は2枚合わせて
　巻きかがりにして綿を入れる

綿

綿はここまで入れる

巻きかがり

手

❹ 足も同様に作る

※もう1つ作る

❺ しっぽはまわりをなみ縫いにして、
　綿を入れ、縮める

綿

しっぽ

絞る

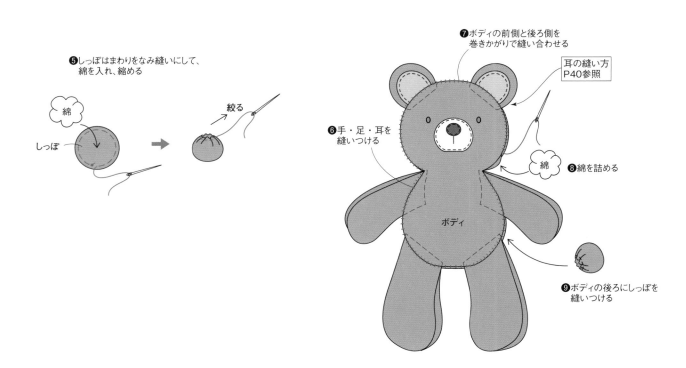

❼ ボディの前側と後ろ側を
　巻きかがりで縫い合わせる

耳の縫い方
P40参照

❻ 手・足・耳を
　縫いつける

綿

❽ 綿を詰める

ボディ

❾ ボディの後ろにしっぽを
　縫いつける

01 お世話セット　P5
ぬいぐるみ[ネコ] 01-2

[材料（1個分）]

フェルト‥‥‥白40cm×40cm
　　　　　山吹色5cm×4cm
　　　　　薄ピンク10cm×4cm
　　　　　ピンク1.5cm×1.5cm
刺繍糸‥‥‥‥白、黒、山吹色、薄ピンク、ピンク、こげ茶
手芸綿

01 お世話セット　P5
ぬいぐるみ[ライオン] 01-3

[材料（1個分）]

フェルト‥‥山吹色40cm×40cm
　　　　　薄黄色4cm×9cm
　　　　　薄ピンク3cm×6cm
　　　　　茶色8cm×15cm
　　　　　こげ茶1.5cm×1.5cm
刺繍糸‥‥‥‥山吹色、薄黄色、
　　　　　黒、薄ピンク、
　　　　　茶色、こげ茶
カラーロープ
　‥‥山吹色6cm
手芸綿

ぬいぐるみ[ネコ]

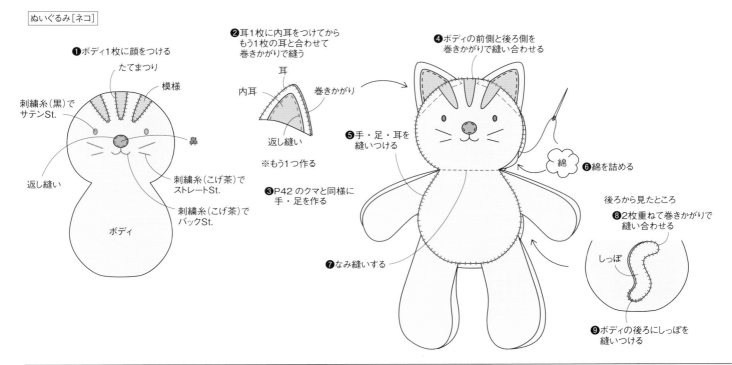

❶ボディ1枚に顔をつける

たてまつり
模様
刺繍糸（黒）で
サテンSt.
返し縫い
鼻
刺繍糸（こげ茶）で
ストレートSt.
刺繍糸（こげ茶）で
バックSt.
ボディ

❷耳1枚に内耳をつけてから
もう1枚の耳と合わせて
巻きかがりで縫う

耳
内耳
巻きかがり
返し縫い

※もう1つ作る

❸P42のクマと同様に
手・足を作る

❹ボディの前側と後ろ側を
巻きかがりで縫い合わせる

❺手・足・耳を
縫いつける

❻綿を詰める
綿

❼なみ縫いする

❽2枚重ねて巻きかがりで
縫い合わせる
後ろから見たところ
しっぽ

❾ボディの後ろにしっぽを
縫いつける

ぬいぐるみ[ライオン]

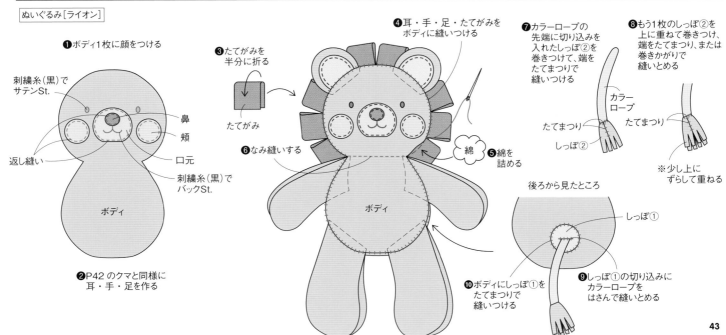

❶ボディ1枚に顔をつける

刺繍糸（黒）で
サテンSt.
返し縫い
鼻
頬
口元
刺繍糸（黒）で
バックSt.
ボディ

❷P42のクマと同様に
耳・手・足を作る

❸たてがみを
半分に折る
たてがみ

❹耳・手・足・たてがみを
ボディに縫いつける

❺綿を詰める
綿

❻なみ縫いする

ボディ

❼カラーロープの
先端に切り込みを
入れたしっぽ②を
巻きつけて、端を
たてまつりで
縫いつける
たてまつり
しっぽ②
カラーロープ

❽もう1枚のしっぽ②を
上に重ねて巻きつけ、
端をたてまつり、または
巻きかがりで
縫いとめる
たてまつり
カラーロープ
しっぽ②

※少し上に
ずらして重ねる

後ろから見たところ
しっぽ①

❾しっぽ①の切り込みに
カラーロープを
はさんで縫いとめる

❿ボディにしっぽ①を
たてまつりで
縫いつける

スタイ（白）

01-4a

【材料（1個分）】

フェルト …… 白20cm×10cm
　　　　　　　青5cm×5cm

刺繍糸 …… 白、青

面ファスナー
　…… 1.5cm×1.5cm

スタイ（ピンク）

01-4b

【材料（1個分）】

フェルト …… ピンク20cm×10cm

刺繍糸 …… ピンク

面ファスナー
　…… 1.5cm×1.5cm

リボンテープ … ピンク10cm

レース …… 白10cm

おむつ（水色）

01-5a

【材料（1個分）】

フェルト …… 水色20cm×16cm

刺繍糸 …… 水色

面ファスナー
　…… 1.5cm×4cm

レース …… 白24cm

おむつ（黄色）

01-5b

【材料（1個分）】

フェルト …… 黄色20cm×16cm

刺繍糸 …… 黄色

面ファスナー
　…… 1.5cm×4cm

レース …… 水色24cm

スタイ

❶タックを寄せる
リボン①

リボン②
巻く
❷リボン②を巻いて
巻きかがりをする

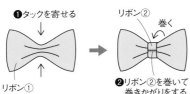

❸縫いつける
面ファスナー（フック）

本体（裏用）

※2枚を合わせるときは
★位置の裏に
面ファスナー
（フック）がくるように
裏に返す

面ファスナー（ループ）
★

本体（表用）

❹リボンを縫いつける

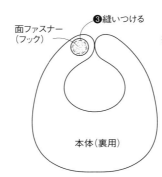

❺裏用と表用を2枚合わせて縫う

（表）

ブランケットSt.

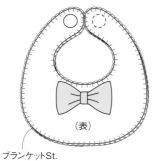

※ 01-4a は、ブランケットSt.で縫う

リボンテープを結んで縫う

（表）

レース

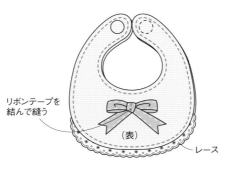

※ 01-4b は、レースをはさんで返し縫いする

〈面ファスナー〉

フック（チクチクする少しかたい面）

ループ（ふわふわしてやわらかい面）

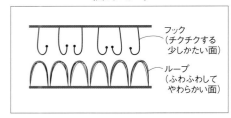

おむつ

❶前1枚に面ファスナー（ループ）をつける

面ファスナー（ループ）

（前）

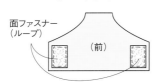

❷後ろ1枚に面ファスナー（フック）をつける

（後ろ）

面ファスナー（フック）

❸前と後ろを下図の組み合わせで縫う

（後ろ）
たてまつり
（前）

（後ろ）
（前）
たてまつり

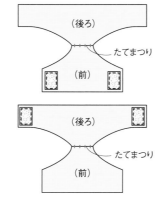

★

レース

面ファスナー（ループ）

❹レースをはさんで縫い合わせる

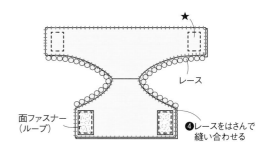

※2枚を合わせるときは★位置の裏に
面ファスナー（フック）がくるようにする

ほにゅうびん 01-6

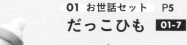

[材料（1個分）]

フェルト …… 白10cm×17cm
　　　　　　 薄緑3cm×13cm
刺繍糸 ……… 白、薄緑、山吹色
厚紙
手芸綿

だっこひも 01-7

[材料（1個分）]

フェルト …… 水色20cm×20cm（2枚）　　カバンテープ ‥ 水色1.5cm×9cm（2本）
　　　　　　 青8.5cm×24cm　　　　　　　　　　　　　　 1.5cm×120cm（2本）
　　　　　　 白2cm×2cm　　　　　　　　刺繍糸 ……… 水色、青、白、赤、黄色
　　　　　　 赤2cm×2cm
　　　　　　 黄色2cm×2cm

ほにゅうびん

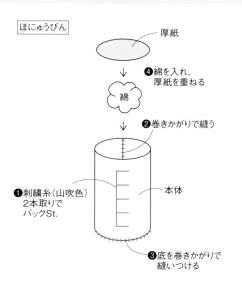

厚紙

❹綿を入れ、
厚紙を重ねる

綿

❷巻きかがりで縫う

❶刺繍糸（山吹色）
2本取りで
バックSt.

本体

❸底を巻きかがりで
縫いつける

❼キャップを作る

半分に折る

キャップ

❺ほにゅうびんの飲み口を作る

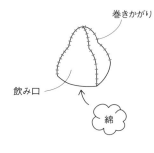

巻きかがり

飲み口

綿

❽❼を図の位置に巻き、
端を巻きかがりで縫い合わせる

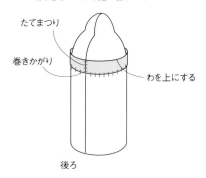

たてまつり

巻きかがり

わを上にする

後ろ

❻ほにゅうびんの本体と飲み口を
縫い合わせる

たてまつり

前

だっこひも

❶ポケットに星のアップリケを
返し縫いで縫いつける。
裏にもう1枚のポケットを重ねて
上部を返し縫いで縫い合わせる

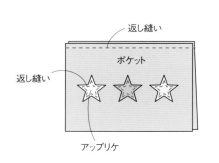

返し縫い

返し縫い

ポケット

返し縫い

アップリケ

❷本体1枚にポケットを
返し縫いで縫いつける

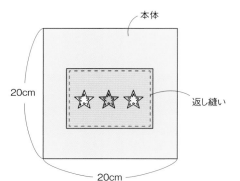

本体

20cm

返し縫い

20cm

❸裏にもう1枚の本体を重ねて、
カバンテープをはさんで縫い合わせる

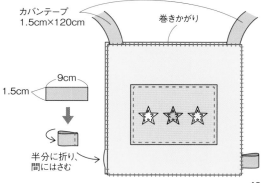

カバンテープ
1.5cm×120cm

巻きかがり

1.5cm

9cm

半分に折り、
間にはさむ

ファンデーション 02-1

[材料（1個分）]

フェルト …・ ピンク 20cm×12cm
　　　　　肌色 6cm×12cm
　　　　　白 6cm×12cm
刺繍糸 …… ピンク、白、肌色
アルミシート …6cm×6cm

サテンリボン …・ ピンク 7cm
レース …… 白 7.5cm
ボタン …… ピンク・模様付き1個
ヘアゴム … ピンク 3.5cm
手芸綿
厚紙

パフ 02-2

[材料（1個分）]

フェルト …… 白ハート形（2枚）
※ファンデーションの切り抜いたフェルトを使用
刺繍糸 ……・ 白
サテンリボン ………… 薄紫 16cm
パールビーズ ………… 白1個
手芸綿

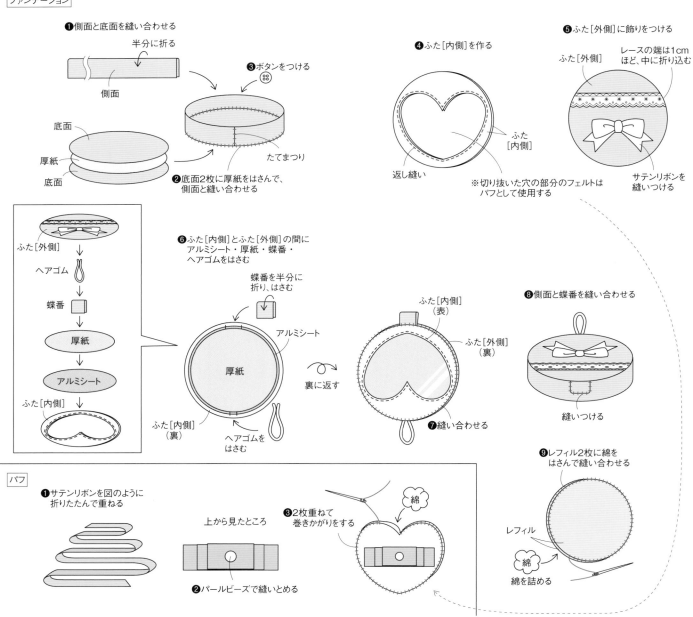

ファンデーション

❶側面と底面を縫い合わせる

半分に折る
側面
❸ボタンをつける
底面
厚紙
底面
たてまつり
❷底面2枚に厚紙をはさんで、
　側面と縫い合わせる

ふた［外側］
↓
ヘアゴム
↓
蝶番
↓
厚紙
↓
アルミシート
↓
ふた［内側］

❻ふた［内側］とふた［外側］の間に
　アルミシート・厚紙・蝶番・
　ヘアゴムをはさむ

蝶番を半分に
折り、はさむ

アルミシート
厚紙
ふた［内側］
（裏）
ヘアゴムを
はさむ

裏に返す

❹ふた［内側］を作る

ふた
［内側］
返し縫い
※切り抜いた穴の部分のフェルトは
　パフとして使用する

❺ふた［外側］に飾りをつける

ふた［外側］
レースの端は1cm
ほど、中に折り込む
サテンリボンを
縫いつける

ふた［内側］
（表）
ふた［外側］
（裏）
❼縫い合わせる

❽側面と蝶番を縫い合わせる

縫いつける

❾レフィル2枚に綿を
　はさんで縫い合わせる

レフィル
綿
綿を詰める

パフ

❶サテンリボンを図のように
　折りたたんで重ねる

上から見たところ

❸2枚重ねて
巻きかがりをする
綿

❷パールビーズで縫いとめる

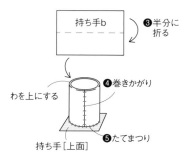

02 メイクセット　P8
口紅（赤）　02-3a

[材料（1個分）]

フェルト ····· ピンク 17cm×13cm
　　　　　　 白 6cm×5cm
　　　　　　 赤 8cm×4cm
刺繍糸 ······· ピンク、白、赤
厚紙 ········· 8.5cm×8cm
手芸綿

02 メイクセット　P8
口紅（ピンク）　02-3b

[材料（1個分）]

フェルト ····· ピンク 17cm×13cm
　　　　　　 白 6cm×5cm
　　　　　　 濃ピンク 8cm×4cm
刺繍糸 ······· ピンク、白、濃ピンク
レース ······· 白 8.5cm
厚紙 ········· 8.5cm×8cm
手芸綿

02 メイクセット　P8
チーク　02-4

[材料（1個分）]

フェルト ····· 薄黄色 19cm×12cm
　　　　　　 白 6cm×12cm
　　　　　　 ピンク 5.5cm×3.5cm
　　　　　　 薄ピンク 3cm×3cm
　　　　　　 濃ピンク 3cm×3cm
刺繍糸 ······· 薄黄色、白、ピンク、
　　　　　　 薄ピンク、濃ピンク

手芸綿
アルミシート
　················· 4cm×6cm
レース ········ 白 8.5cm
厚紙 ········· 9cm×11cm
ヘアゴム ····· 3.5cm
サテンリボン ·· 薄紫 13cm
ボタン ········ 1個

口紅

❶持ち手aの厚紙を
4つ折りにして四角に
なるように形を整えて、
セロハンテープでとめる

厚紙
セロハンテープ

❷持ち手aのフェルトを巻きつけて、
両端を巻きかがりで縫い合わせる。
厚紙の中に綿を詰める

綿
厚紙
持ち手a
持ち手・底面を
縫い合わせる

❸半分に折る

持ち手b

❹巻きかがり
わを上にする
❺たてまつり
持ち手[上面]

❻持ち手のパーツどうしを
縫い合わせる

持ち手b
巻きかがり
持ち手a

❼縫い合わせる

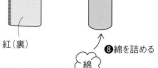

裏に返す
紅（裏）
❽綿を詰める
綿

紅[上面]
紅
紅[底面]

❾巻きかがり

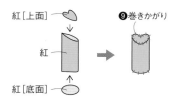

❿上面を巻きかがりで縫いつけて、
キャップの口を巻きかがりで
縫い合わせる

厚紙
キャップ[内側]
キャップ[外側]
巻きかがり
巻きかがり

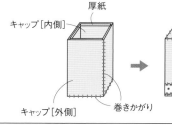

キャップ[上面]
巻きかがり

※ 02-3b は、
レースを縫いつける

チーク

❶ケースの厚紙を折り、
四隅をセロハンテープでとめる

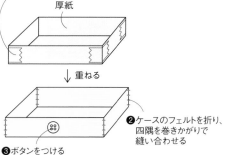

厚紙

↓重ねる

❷ケースのフェルトを折り、
四隅を巻きかがりで
縫い合わせる

❸ボタンをつける

❹チークのパーツを縫いつける

チーク②　チーク③
チーク①
たてまつり
返し縫い

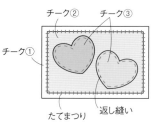

❺ケースに綿を入れ、
❹と巻きかがりで
縫い合わせる

綿

❻ふた[内側]を作る

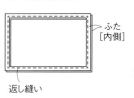

ふた[内側]
返し縫い

❼ふた[外側]を作る

サテンリボンを
縫いつける

ふた[外側]
レースの端は1cm
ほど、中に折り込む

❽P46のファンデーション❻～❼と
同様にふたを作る

ふた[内側]
蝶番
アルミシート
厚紙
巻きかがり

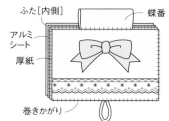

❾蝶番をケースに縫いつける

アイシャドウ 02-5

[材料（1個分）]

フェルト …… 薄ピンク10cm×12cm
　　　　　　　白10cm×17cm
刺繍糸 …… 薄ピンク、白、濃ピンク、黄色、青、
　　　　　　　緑、ほんのりピンク、濃紫、薄紫
厚紙 ……… 9cm×15cm
ヘアゴム … 3.5cm
サテンリボン … ピンク13cm
ボタン …… 1個
手芸綿

アルミシート‥4cm×6cm

〈レフィル1〉 02-5a

フェルト …… 薄ピンク2cm×2cm
　　　　　　　濃ピンク1.5cm×3cm
　　　　　　　黄色 1.5cm×3cm
　　　　　　　青 1.5cm×3cm
　　　　　　　緑 1.5cm×3cm

〈レフィル2〉 02-5b

フェルト …… 濃ピンク2cm×2cm
　　　　　　　薄ピンク1.5cm×3cm
　　　　　　　ほんのりピンク1.5cm×3cm
　　　　　　　濃紫 1.5cm×3cm
　　　　　　　薄紫 1.5cm×3cm

チップ 02-6

[材料（1個分）]

フェルト …… 水色4.5cm×3cm
　　　　　　　白2cm×3cm
刺繍糸 …… 水色、白
レース …… 3cm
手芸綿

刷毛 02-7

[材料（1個分）]

フェルト …… 水色7cm×6.5cm
　　　　　　　ピンク3.5cm×10cm
　　　　　　　白5.5cm×2.5cm
刺繍糸 …… 水色、ピンク、白
レース …… 4cm
手芸綿

アイシャドウ

❶ケース[内側]、厚紙、ケース[外側]を
重ね、巻きかがりで縫い合わせる

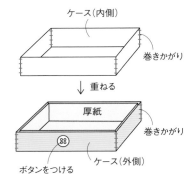

ケース（内側）
巻きかがり
↓ 重ねる
厚紙
巻きかがり
ボタンをつける
ケース（外側）

❷P46のファンデーションと同様にふたを
作ってケースと縫い合わせる

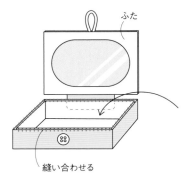

ふた
縫い合わせる

❹レフィル上面にパーツを縫いつける。
レフィルの四隅を縫い合わせて
中に厚紙を入れて綿を詰めて
上面を巻きかがりで縫いつける

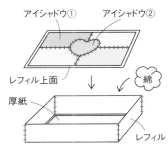

アイシャドウ①　アイシャドウ②
レフィル上面
綿
厚紙
レフィル

チップ

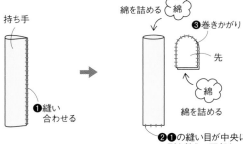

持ち手
❶縫い
合わせる

綿を詰める（綿）
❸巻きかがり
先
綿
綿を詰める
❷❶の縫い目が中央にくるように
形を整えて下部を
巻きかがりで縫う

❹レースを縫いつけ、
チップを入れて、縫いつける

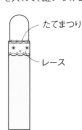

たてまつり
レース

刷毛

❶切り込みを入れる
ブラシ

❷持ち手aの両端を縫い、
底をたてまつりで縫いつける

持ち手a
縫いつける
綿を入れる
綿
底

❸ブラシを端から巻いて
たてまつりで縫いとめ、
持ち手と縫い合わせる

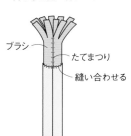

ブラシ
たてまつり
縫い合わせる

❹つなぎ目の上にかぶせるように
持ち手bを縫いつける

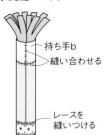

持ち手b
縫い合わせる
レースを
縫いつける

マニキュア(水色) | マニキュア(ピンク) | マニキュア(黄色) | アイブロウペンシル

02-8a | **02-8b** | **02-8c** | **02-9**

[材料（1個分）]

マニキュア(水色) 02-8a	マニキュア(ピンク) 02-8b	マニキュア(黄色) 02-8c	アイブロウペンシル 02-9
フェルト ……　水色10cm×12cm 黒 3cm×6cm	フェルト ……　ピンク10cm×12cm 黒 3cm×6cm	フェルト ……　黄色10cm×12cm 紫 3cm×6cm	フェルト ……　薄ピンク7cm×6cm 白2cm×3cm 茶色3cm×4.5cm
刺繍糸 ……… 水色、黒	刺繍糸 ……… ピンク、黒	刺繍糸 ……… 黄色、紫	刺繍糸 ……… 薄ピンク、白、茶色
厚紙 ………… 3cm×10cm	厚紙 ………… 3cm×10cm	厚紙 ………… 3cm×10cm	レース ……… 白7cm
サテンリボン・ピンク10cm	サテンリボン・ピンク10cm	サテンリボン・薄紫10cm	
ポンポン ……ピンク 直径約2.5cm 1個	ポンポン ……水色 直径約2.5cm 1個	ポンポン ……薄紫 直径約2.5cm 1個	

マニキュア

❶サテンリボンを
本体1枚に縫いつける
本体

❷厚紙をはさみ、
周囲を巻きかがりで
縫い合わせる
本体
（リボンなし）
厚紙
本体
（リボン付き）
巻きかがり

※リボンなしのものを
もう1つ作る
※底面も同様に作る

❸本体と側面と底面を縫いつける
巻きかがり
側面
底面

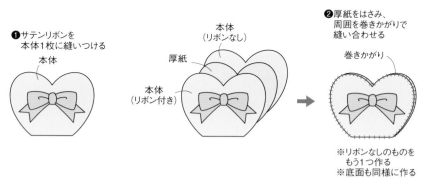
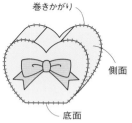

❹切り込みを入れた刷毛を
端から巻いて、たてまつりで
縫いとめる
刷毛
切り込みを入れる
巻く
たてまつり
ポンポン
たてまつり

❺刷毛とポンポンはポンポンの
中心に針を何度か通して
縫い合わせる

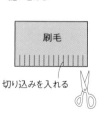
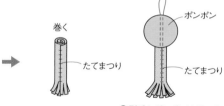

アイブロウペンシル

持ち手a
❶持ち手aを巻いて、
たてまつりで
縫いとめる
❷レースを
縫いつける

❸芯の上に持ち手bを縫いつけて、
持ち手aのパーツと縫い合わせる
芯
縫いつける
持ち手b
たてまつり

縫いつける

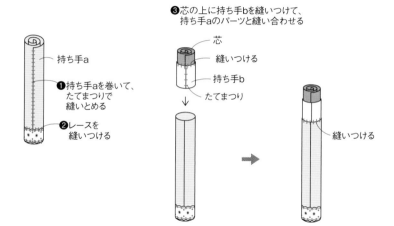

注射器（白） 03-1a

[材料（1個分）]

フェルト … 白12cm×14cm
　　　　　青7cm×15cm
　　　　　黄色1.5cm×13cm
刺繍糸 …… 黒、白、青、黄色
手芸綿
ポンポンブレード … 白9cm
厚紙

03 お医者さんセット　P11

注射器（ピンク） 03-1b

[材料（1個分）]

フェルト … 薄ピンク12cm×14cm
　　　　　濃ピンク8.5cm×15cm
　　　　　水色3cm×4.5cm
刺繍糸 …… 黒、薄ピンク、濃ピンク、水色
手芸綿
ポンポンブレード … ピンク9cm
厚紙

注射器

❶ 外筒a[外側]に図のように
目盛りの刺繍をする

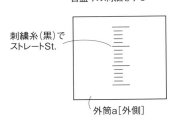

刺繍糸（黒）で
ストレートSt.

外筒a[外側]

❷ 外筒a[外側]と外筒a[内側]の
フェルトの間に厚紙をはさむ

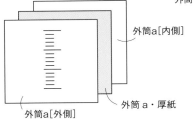

外筒a[内側]

外筒a[外側]

外筒a・厚紙

❸ 図のように輪にして両端を
縫い合わせる（厚紙をずらし、
フェルト4枚を重ねて縫う）

外筒a・厚紙

巻きかがり

※厚紙は真ん中で軽く折り曲げる
ようにして後で形を整える

❹❸ の形を丸く整え、
図の位置に外筒b1枚を
巻きかがりで縫いつける

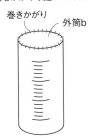

巻きかがり

外筒b

❺ 針をくるくると巻いて
たてまつりで縫いつける

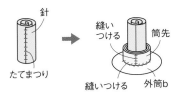

針

たてまつり

縫い
つける

筒先

縫いつける　外筒b

❻ 針に筒先を
巻きつけて縫いとめ、
もう1枚の外筒bに
縫いつける

❼ 厚紙をはさみ、
巻きかがりで縫いつける

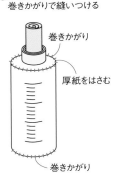

巻きかがり

厚紙をはさむ

巻きかがり

❽❼ にポンポン
ブレードを
縫いつける

❾ 押し子aを筒状になるように
両端を縫い合わせて
押し子bを縫いつける

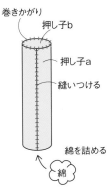

巻きかがり

押し子b

押し子a

縫いつける

綿を詰める

綿

❿ 片側に押し子c1枚を
たてまつりで縫いつける

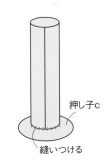

押し子c

縫いつける

⓫ もう1枚の押し子cを
重ねて巻きかがりで
縫い合わせる

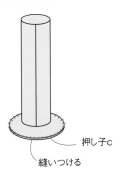

押し子c

縫いつける

03 お医者さんセット　P11	03 お医者さんセット　P11	03 お医者さんセット　P11	03 お医者さんセット　P11
粉薬（オレンジ）	**粉薬（ピンク）**	**錠剤**	**カプセル**
03-2a	03-2b	03-3	03-4
[材料（1個分）]	[材料（1個分）]	[材料（1個分）]	[材料（1個分）]
フェルト ····· 白6cm×10cm　オレンジ4cm×10cm	フェルト ····· 白6cm×10cm　ピンク4cm×10cm	フェルト ····· 緑6cm×10cm　白4cm×4cm	フェルト ····· ピンク6cm×10cm　白2cm×5cm　赤2cm×5cm
刺繍糸 ······ 白、オレンジ	刺繍糸 ······ 白、ピンク	刺繍糸 ······ 緑、白	刺繍糸 ······ ピンク、白、赤

＜粉薬＞

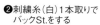

❷刺繍糸（白）1本取りで
バックSt.をする

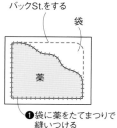

袋

薬

❶袋に薬をたてまつりで
縫いつける

❷左右対称になるように同じものを
もう1つ作り、裏に重ねて
巻きかがりで縫い合わせる

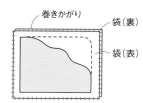

巻きかがり
袋（裏）
袋（表）

＜錠剤＞

❶ヒート1枚に錠剤を
返し縫いで縫いつける

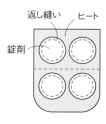

返し縫い　ヒート
錠剤

❷裏側にもう1枚のヒートを
巻きかがりで縫い合わせる

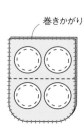

巻きかがり

＜カプセル＞

❶ヒート1枚にカプセルを
返し縫いで縫いつける

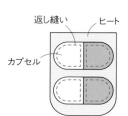

返し縫い　ヒート
カプセル

❷裏側にもう1枚のヒートを
巻きかがりで縫い合わせる

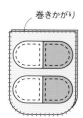

巻きかがり

03 お医者さんセット　P11

体温計（白）

`03-5a`

[材料（1個分）]

フェルト ···· 白9cm×8cm
　　　　　青6cm×8cm
　　　　　水色4cm×5cm

刺繍糸 ······ 白、水色、青、黒
手芸綿
面ファスナー
　　　　 ···· 1.5cm×2.5cm

03 お医者さんセット　P11

体温計（ピンク）

`03-5b`

[材料（1個分）]

フェルト ···· 薄ピンク9cm×8cm
　　　　　濃ピンク6cm×8cm
　　　　　白4cm×5cm

刺繍糸 ······ 薄ピンク、濃ピンク、
　　　　　白、黒

手芸綿
面ファスナー
　　　　 ···· 1.5cm×2.5cm

03 お医者さんセット　P11

聴診器（青）　`03-6a`

[材料（1個分）]

フェルト ···· 黄色20cm×20cm
　　　　　青8cm×15cm
　　　　　白5cm×5cm
　　　　　赤4cm×4cm

刺繍糸 ······ 黄色、青、白、赤
カラーロープ ···· 白40cm
ポンポン ···· 水色2個
手芸綿

03 お医者さんセット　P11

聴診器（ピンク）　`03-6b`

[材料（1個分）]

フェルト ···· 白20cm×20cm
　　　　　ピンク3cm×10cm
　　　　　濃ピンク10cm×15cm
　　　　　赤4cm×4cm

刺繍糸 ······ 白、ピンク、濃ピンク、赤
カラーロープ ···· 白40cm
ポンポン ···· 薄ピンク2個
手芸綿

体温計

**❶本体に窓aを縫いつけて
面ファスナーを縫いつける**

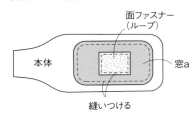

面ファスナー
（ループ）

本体

窓a

縫いつける

**❷測温部を巻きかがりで
縫い合わせ、綿を詰める**

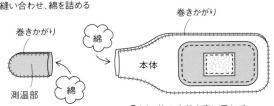

巻きかがり

綿

本体

測温部

綿

**❸もう1枚の本体を裏に重ねて
巻きかがりで縫い合わせて綿を詰める**

**❹本体に測温部を入れ、
たてまつりで縫いつける**

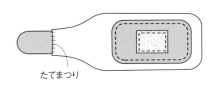

たてまつり

**❺窓bの1枚には刺繍をし、もう1枚は
面ファスナーを縫いつけ、
2枚を巻きかがりで縫い合わせる**

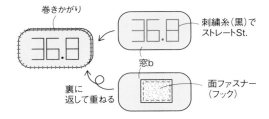

巻きかがり

刺繍糸（黒）で
ストレートSt.

窓b

面ファスナー
（フック）

裏に
返して重ねる

聴診器

**❶アップリケaにアップリケbを縫いつけ、
接続部に縫いつける**

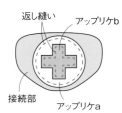

返し縫い

アップリケb

接続部

アップリケa

ポンポン

綿　綿

**❷耳管を巻きかがりで
縫い合わせて綿を詰め、
ポンポンを縫いつける**

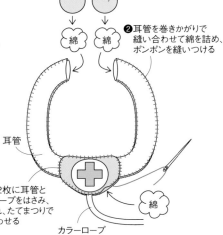

耳管

**❸接続部2枚に耳管と
カラーロープをはさみ、
綿を入れ、たてまつりで
縫い合わせる**

綿

カラーロープ

**❹チェストピースcにアップリケcを
縫いつけ、チェストピースbを
縫い合わせ、綿を詰める**

チェストピースc

縫いつける　アップリケc

縫い
合わせる

チェスト
ピースb

綿

たてまつり

**※ `03-6b` は、アップリケcの代わりに
リボンを縫いつける**

リボン①　　リボン②

リボン①を図のように折り、縫う。
中央をリボン②でまとめて縫いつける

**❺チェストピースaと
チェストピースbの間に
❸のカラーロープの端を
はさみ、たてまつり縫いで
縫いつける**

チェストピースa

カラーロープ

**❻チェストピースaの
裏にもう1枚の
チェストピースaを縫いつける**

03 お医者さんセット　P11
ばんそうこう（ピンク）
`03-7a`
[材料（1個分）]

フェルト ····· 濃ピンク 6cm×9cm
　　　　　 薄ピンク 2.5cm×3cm
刺繍糸 ····· 濃ピンク、薄ピンク
面ファスナー ····· 1.2cm×1.5cm

03 お医者さんセット　P11
ばんそうこう（薄ピンク）
`03-7b`
[材料（1個分）]

フェルト ····· 薄ピンク 6cm×9cm
　　　　　 青 2.5cm×3cm
刺繍糸 ······· 薄ピンク、青、薄黄色
面ファスナー
　　···· 1.2cm×1.5cm

03 お医者さんセット　P11
ばんそうこう（薄黄色）
`03-7c`
[材料（1個分）]

フェルト ····· 薄黄色 6cm×9cm
　　　　　 薄緑 2.5cm×3cm
刺繍糸 ······· 薄黄色、薄緑、薄紫
面ファスナー
　　···· 1.2cm×1.5cm

03 お医者さんセット　P11
ばんそうこう（紫）
`03-7d`
[材料（1個分）]

フェルト ····· 紫 6cm×9cm
　　　　　 薄ピンク 2.5cm×3cm
刺繍糸 ······· 紫、薄ピンク、濃ピンク
面ファスナー ····· 1.2cm×1.5cm

03 お医者さんセット　P11
ばんそうこう（水色）
`03-7e`
[材料（1個分）]

フェルト ····· 水色 6cm×9cm
　　　　　 薄黄色 2.5cm×3cm
刺繍糸 ······· 水色、薄黄色、青
面ファスナー
　　···· 1.2cm×1.5cm

03 お医者さんセット　P11
包帯（青）
`03-8a`
[材料（1個分）]

フェルト ····· 白 4cm×40cm
　　　　　 水色 3.5cm×10cm
刺繍糸 ······· 白、水色
面ファスナー
　　···· 1.2cm×1.5cm

03 お医者さんセット　P11
包帯（ピンク）
`03-8b`
[材料（1個分）]

フェルト ····· 白 4cm×40cm
　　　　　 ピンク 3.5cm×10cm
刺繍糸 ······· 白、ピンク
面ファスナー
　　···· 1.2cm×1.5cm

`ばんそうこう`

❶ばんそうこうa2枚の端に、
それぞれ面ファスナーを縫いつける

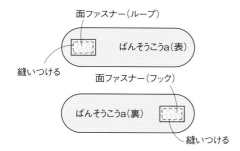

面ファスナー（ループ）
ばんそうこうa（表）
縫いつける
面ファスナー（フック）
ばんそうこうa（裏）
縫いつける

ばんそうこうb

❷ばんそうこうa（表）にばんそうこうbを
返し縫いで縫いつける。
ハートまたは星の刺繍をして、
裏側にもう1枚のばんそうこうaを重ねて
巻きかがりで縫いつける

サテンSt.
※刺繍糸の色は
型紙参照

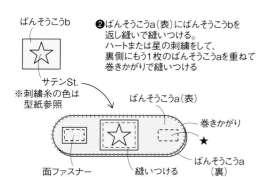

面ファスナー
（ループ）
ばんそうこうa（表）
縫いつける
巻きかがり
ばんそうこうa（裏）
★

※★位置の裏に面ファスナー（フック）が
くるようにする

`包帯`

❶リボン①の両端を重ねて
巻きかがりで縫いつける

巻きかがり
リボン①

❷リボン②を巻きつけて
両端を縫い合わせる

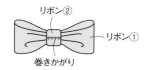

リボン②
リボン①
巻きかがり

❸白フェルトに、面ファスナーを
縫いつける

縫いつける

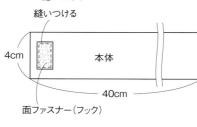

4cm
本体
面ファスナー（フック）
40cm

裏に返す

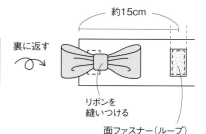

約15cm
リボンを
縫いつける
面ファスナー（ループ）

血圧計 `03-9`

[材料（1個分）]

フェルト …… 青14cm×25cm（ベルト用）
　　　　　　　青2cm×2cm
　　　　　　　白20cm×20cm
　　　　　　　ピンク6cm×5cm
　　　　　　　水色4cm×5cm
刺繍糸 ……… 白、水色、黒
厚紙
手芸綿

面ファスナー …… 1.7cm×2.5cm
カラーロープ …… 白40cm

血圧計

❶窓に刺繍糸（黒）2本取りで
　数字を刺繍する
　ストレートSt.

窓枠

窓

ボタン

❷窓枠に窓とボタンを
　返し縫いで縫いつける

❸本体［上面］に、窓枠を
　巻きかがりで縫いつける

本体［上面］

返し縫い

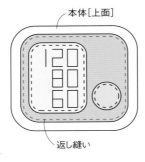

❹カラーロープをはさんで側面を巻き
　本体［上面］に縫いつける

側面

カラーロープ

上面・厚紙

綿

底面・厚紙

本体［底面］

❺綿を厚紙で
　はさんだものを入れ、
　本体［底面］を
　巻きかがりで、
　縫い合わせる

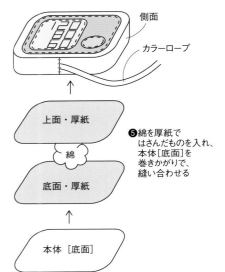

❻ベルトに面ファスナーを
　縫いつけ、半分に折る

面ファスナー
（ループ）

半分に折る

縫いつける

14cm

ベルト

面ファスナー
（フック）

25cm

❼❹のカラーロープの端をはさみ、
　巻きかがりで縫い合わせる

カラーロープ

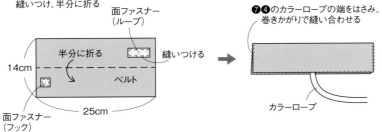

04 クレープセット　P15
生地 `04-1`

[材料（1個分）]

フェルト … 薄黄色 20cm × 20cm

04 クレープセット　P15
円形クリーム `04-2`

[材料（1個分）]

フェルト … 白 20cm × 20cm

04 クレープセット　P15
包み紙 `04-3a`

[材料（1個分）]

フェルト … 水色 10cm × 20cm
　　　　　白 3cm × 6cm

04 クレープセット　P15
包み紙 `04-3b`

[材料（1個分）]

フェルト … ピンク 10cm × 20cm
　　　　　白 3cm × 6cm

| 生地 | 円形クリーム | ※クレープの包み方 |

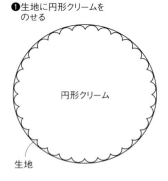

❶生地に円形クリームを
のせる

円形クリーム

生地

❷半分に折る

❸3分の1を折りたたむ

❹もう片側を折りたたむ

| 包み紙 |

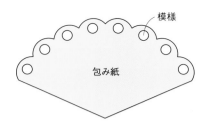

模様

包み紙

❶包み紙に模様を接着剤で貼る

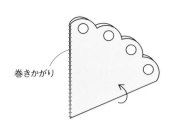

巻きかがり

❷両端を合わせて、縫い合わせる

❸クレープを包み紙に入れ、
お好みのトッピングをつける

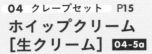

04 クレープセット P15

絞り袋 04-4

[材料（1個分）]

フェルト ···· 白20cm×20cm
　　　　　　グレー 4cm×4cm
刺繍糸 ······· 白
サテンリボン ··· 水色30cm
手芸綿

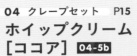

04 クレープセット P15

ホイップクリーム
［生クリーム］ 04-5a

[材料（1個分）]

フェルト ···· 白15cm×13cm
刺繍糸 ······· 白

04 クレープセット P15

ホイップクリーム
［ココア］ 04-5b

[材料（1個分）]

フェルト ···· 茶色15cm×13cm
刺繍糸 ······· 茶色

絞り袋

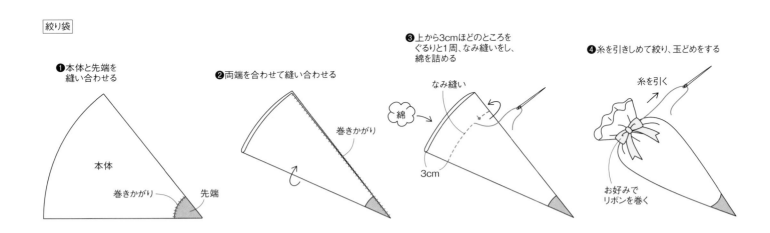

❶本体と先端を
　縫い合わせる

本体

巻きかがり

先端

❷両端を合わせて縫い合わせる

巻きかがり

❸上から3cmほどのところを
　ぐるりと1周、なみ縫いをし、
　綿を詰める

なみ縫い

綿

3cm

❹糸を引きしめて絞り、玉どめをする

糸を引く

お好みで
リボンを巻く

ホイップクリーム　｜作り方はP41参照

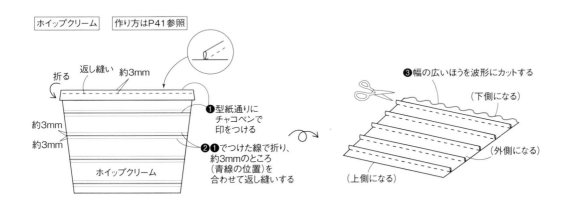

折る

返し縫い　約3mm

約3mm

約3mm

ホイップクリーム

❶型紙通りに
　チャコペンで
　印をつける

❷❶でつけた線で折り、
　約3mmのところ
　（青線の位置）を
　合わせて返し縫いする

❸幅の広いほうを波形にカットする

（下側になる）

（外側になる）

（上側になる）

❹縫った部分が山になるように
　蛇腹折りにして、折りたたんだ状態で
　縫い合わせる

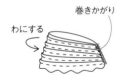

わにする

巻きかがり

❻わのほうを
　引き上げる

❼上部を巻きかがりで
　縫い合わせて形を整える

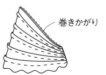

巻きかがり

※クリームのうねりを出したい場合は、
　ここで一回転ひねる。
　引き上げるときもひねりながら形を整える

クリーム①
（生クリーム）

04-6a

[材料（1個分）]

フェルト …· 白12cm×15cm

刺繍糸 ……· 白

クリーム①
（カラフル）

04-6b

[材料（1個分）]

フェルト …· ピンク6cm×9cm
薄黄色6cm×9cm
水色6cm×9cm

刺繍糸 ……· ピンク、薄黄色、水色

クリーム②
［生クリーム］

04-7a

[材料（1個分）]

フェルト …· 白8cm×12cm

刺繍糸 ……· 白

クリーム②
［カラフル］

04-7b

[材料（1個分）]

フェルト …· 薄ピンク4cm×8cm
薄紫4cm×8cm
クリーム色4cm×8cm

刺繍糸 ……· 白

トッピング
クリーム

04-8

[材料（1個分）]

フェルト …· 白7cm×14cm

刺繍糸 ……· 白

クリーム①

❶クリーム①を9枚重ねて、縫い合わせる

クリーム①9枚

なみ縫い

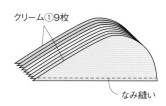

❷上下にひねって形を整える

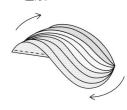

クリーム②

❶クリーム②を12枚重ねて、縫い合わせる

クリーム②12枚

巻きかがり

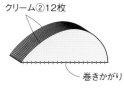

❷針を使いながら少しずつ糸を引き締める。端まで縫ったら玉どめをし、縫ったところが中心になるように開き、形を整える

下から見たところ

❸中心に下から針を入れて上から出す

2本取り

❹糸を引いて絞り、全体をねじりながら針を上から下へ通す

❺玉どめをする

トッピングクリーム

❶半分に折って、縫い合わせる

巻きかがり

トッピングクリーム

折る

❷半分に折る

❸たてまつりで縫いつける

❹端から折りたたんで、中心に針を通し、数回折りたたんで縫いとめる

※1回折りたたむごとに玉どめをすると縫いやすくなる

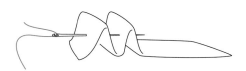

※折る回数や糸を引く強さを変えると、クリームの波形も変わるので、好みの形に整える

04　クレープセット　P15
巻きチョコ　04-9

[材料（1個分）]

フェルト ···· 白 5cm × 5cm

刺繍糸 ······· 白、こげ茶

04　クレープセット　P15
バナナ　04-11

[材料（1個分）]

フェルト ···· 薄黄色 4cm × 11cm

刺繍糸 ······· 薄黄色、茶色

04　クレープセット　P15
アイス（バニラ）　04-13a

[材料（1個分）]

フェルト ···· 白 9cm × 18cm

刺繍糸 ······· 白

手芸綿

04　クレープセット　P15　04-13c
アイス（ストロベリー）

[材料（1個分）]

フェルト ···· 薄ピンク 9cm × 18cm

刺繍糸 ······· ピンク

手芸綿

04　クレープセット　P15
スライスりんご　04-10

[材料（1個分）]

フェルト ···· 薄黄色 4cm × 4cm
　　　　　　 赤 1cm × 3.5cm

刺繍糸 ······· 薄黄色

04　クレープセット　P15
いちご

[材料（1個分）]

フェルト ···· 04-12a
　　　　　　 赤 4cm × 10cm

　　　　　　 04-12b
　　　　　　 赤 4cm × 5cm
　　　　　　 薄ピンク 4cm × 5cm

刺繍糸 ······· 白、赤、ワインレッド

手芸綿

表　裏

表　裏

04　クレープセット　P15　04-13b
アイス（ブルーハワイ）

[材料（1個分）]

フェルト ···· 水色 9cm × 18cm

刺繍糸 ······· 水色

手芸綿

04　クレープセット　P15　04-13d
アイス（紅イモ）

[材料（1個分）]

フェルト ···· 薄紫 9cm × 18cm

刺繍糸 ······· 薄紫

手芸綿

巻きチョコ

❶端から巻き、縫いとめる

たてまつり

❷刺繍糸（こげ茶）3〜4本取りを巻きつけて、目立たないところで玉どめをする

スライスりんご

❷皮を接着剤で貼る

❶本体2枚を接着剤で貼る

バナナ

❷2枚を巻きかがりで縫い合わせる

❶刺繍糸（茶色）の2本取りでフレンチノットSt.

いちご

※04-12aは赤のフェルト
04-12bは薄ピンクのフェルトに刺繍する

❶いちごに刺繍糸（白）の1本取りでストレートSt.

中央は刺繍糸（白）の6本取りでサテンSt.

綿を詰める

❷もう1枚を裏側に重ねて、巻きかがりで縫い合わせる

裏に返す

❸刺繍糸（ワインレッド）の2本取りでフレンチノットSt.

アイス

❶本体2枚を重ねて片側1辺を縫い合わせる。
同様に1枚ずつ重ねて1辺ずつ縫い、合計4枚を縫い合わせる。
後で裏返すので、玉どめは外側にする

2枚重ねて巻きかがり

巻きかがり

上から見たところ

裏に返す

❷綿を詰め、底面を縫いつける

底面

綿

巻きかがり

ひだ

❹糸を引く

❸ひだを5〜7mmの幅でなみ縫いする

❺アイスの底辺周囲（約14cm）に合わせて、ギャザーを寄せて玉どめする

※ひだは糸の引き方で長さが変わるので調整する

約7cm　　　約7cm

❻ひだを縫いつける

04 クレープセット　P15

動物クッキー
［クマ］
04-14

【材料（1個分）】

フェルト ···· 薄茶色 5cm×10cm
　　　　　　薄黄色 5cm×10cm

刺繍糸
···· 薄黄色、黒、茶色、白
手芸綿
キルト芯

04 クレープセット　P15

動物クッキー
［ネコ］
04-15

【材料（1個分）】

フェルト ···· 薄茶色 5cm×10cm
　　　　　　白 5cm×10cm

刺繍糸 ······· 白、黒、ピンク
手芸綿
キルト芯

04 クレープセット　P15

動物クッキー
［ウサギ］
04-16

【材料（1個分）】

フェルト ···· 薄茶色 6cm×10cm
　　　　　　薄ピンク 5cm×10cm

刺繍糸 ······· 薄ピンク、黒、白
手芸綿
キルト芯

04 クレープセット　P15

クレープ台
04-17

【材料（1個分）】

フェルト ···· ベージュ 20cm×20cm
刺繍糸 ······· ベージュ
厚紙

動物クッキー

❶顔に刺繍をする

[クマ]　　　　　[ネコ]　　　　　[ウサギ]

鼻は刺繍糸（茶色）2本取りで
サテンSt.

頬は色鉛筆で
着色する
※ネコ・ウサギ
も同様

目は刺繍糸（黒）2本取りで
サテンSt.をし、その上に
目の光を刺繍糸（白）2本取りで
フレンチノットSt.をする
※ネコ・ウサギも同様にする

鼻は2本取り（ピンク）で
サテンSt.

ヒゲは1本取り（黒）で
ストレートSt.

❷耳を縫いつける

[クマ]　　　　　　　　　[ウサギ]

たてまつり

耳

（ベース）

たてまつり

耳

なみ縫い

（ベース）

※ネコはクマと同様に作る

❸❶で作った顔を❷に
たてまつりで縫いつける

少量の
綿を詰める

綿

※綿は入れなくてもよい
※ネコ・ウサギも同様に作る

❹キルト芯をはさみ、
もう1枚のベースを
縫い合わせる

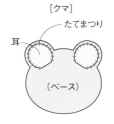

ベース

キルト芯

綿

綿を詰める

※ネコ・ウサギも同様に作る

クレープ台

❶本体の厚紙を型紙の折り線の位置で折っておく

折り線　　　本体

穴をあける

底面

❷本体のフェルトに
穴をあける

❸間に❶の厚紙をはさみ、
半分に折る

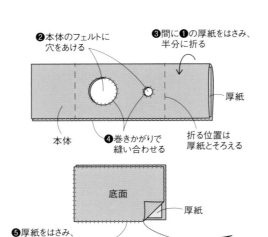

本体

❹巻きかがりで
縫い合わせる

折る位置は
厚紙とそろえる

厚紙

底面

厚紙

❺厚紙をはさみ、
周囲を巻きかがりで
縫い合わせる

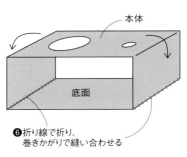

本体

底面

❻折り線で折り、
巻きかがりで縫い合わせる

リングドーナツ（ストロベリー）

05-1a

[材料（1個分）]

フェルト … 茶色 8cm×8cm
　　　　　 ピンク 8cm×8cm
刺繍糸 …… 茶色、ピンク、白
手芸綿

リングドーナツ（抹茶）

05-1b

[材料（1個分）]

フェルト … 茶色 8cm×8cm
　　　　　 緑 8cm×8cm
刺繍糸 …… 茶色、緑、白
手芸綿

アイシングドーナツ（ピンク）

05-2a

[材料（1個分）]

フェルト … 茶色 8cm×16cm
　　　　　 薄ピンク 8cm×8cm
刺繍糸 …… 茶色、薄ピンク、
　　　　　 白、紫、薄緑
手芸綿

アイシングドーナツ（チョコ）

05-2b

[材料（1個分）]

フェルト … 茶色 8cm×16cm
　　　　　 こげ茶 8cm×8cm
刺繍糸 …… 茶色、こげ茶、ピンク、
　　　　　 白、紫、薄緑
手芸綿

リングドーナツ

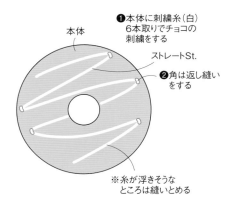

本体

❶本体に刺繍糸（白）
6本取りでチョコの
刺繍をする

ストレートSt.

❷角は返し縫い
をする

※糸が浮きそうな
ところは縫いとめる

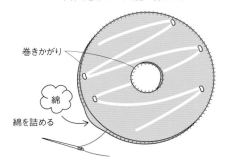

❸中に綿を詰めて、裏側にもう1枚の
本体を巻きかがりで縫い合わせる

巻きかがり

綿

綿を詰める

アイシングドーナツ

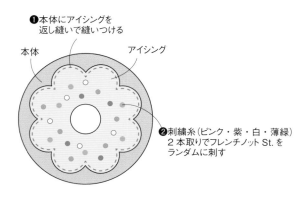

❶本体にアイシングを
返し縫いで縫いつける

本体

アイシング

❷刺繍糸（ピンク・紫・白・薄緑）
2 本取りでフレンチノット St. を
ランダムに刺す

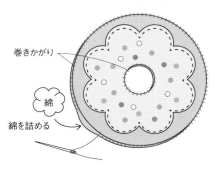

❸中に綿を詰めて、裏側にもう1枚の
本体を巻きかがりで縫い合わせる

巻きかがり

綿

綿を詰める

05 パン＆ドーナツセット　P18

星形ドーナツ

05-3

[材料（1個分）]

フェルト …… 茶色 8cm×16cm
　　　　　　薄黄色 8cm×8cm
　　　　　　水色 0.5cm×20cm
刺繍糸 …… 茶色、薄黄色、水色
手芸綿

05 パン＆ドーナツセット　P18

ハート形ドーナツ

05-4

[材料（1個分）]

フェルト …… 茶色 7cm×16cm
　　　　　　ピンク 6cm×7cm
　　　　　　白 2cm×6cm
刺繍糸 …… 茶色、ピンク、白、黄色
手芸綿

星形ドーナツ

❶飾りをアイシングに縫いつけ、
　本体に縫いつける

返し縫い
本体
アイシング
飾り

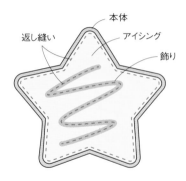

❷中に綿を詰めて、
　裏側にもう1枚の本体を
　巻きかがりで縫い合わせる

巻きかがり

綿

綿を詰める

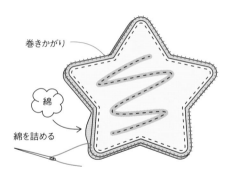

ハート形ドーナツ

❶本体にアイシングを縫いつける

本体
アイシング①
返し縫い

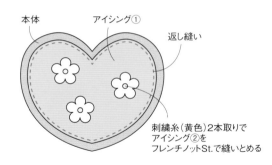

刺繍糸（黄色）2本取りで
アイシング②を
フレンチノットSt.で縫いとめる

❷中に綿を詰めて、裏側にもう1枚の
　本体を巻きかがりで縫い合わせる

綿を詰める

綿

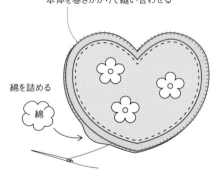

05 パン＆ドーナツセット　P18

クリームパン

05-5

[材料（1個分）]

フェルト …… 黄土色 8cm×12cm
　　　　　　 たまご色 4cm×8cm
　　　　　　 薄黄色 2cm×4cm

刺繍糸 …… 黄土色、たまご色、薄黄色
手芸綿

05 パン＆ドーナツセット　P18

フランスパン

05-6

[材料（1個分）]

フェルト …… 黄土色 14cm×15cm
　　　　　　 たまご色 7cm×15cm
　　　　　　 茶色 5cm×12cm

刺繍糸 …… 黄土色、たまご色、茶色
手芸綿

クリームパン

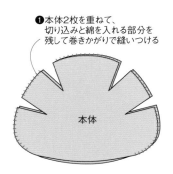

❶本体2枚を重ねて、
切り込みと綿を入れる部分を
残して巻きかがりで縫いつける

本体

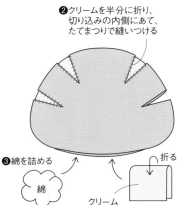

❷クリームを半分に折り、
切り込みの内側にあて、
たてまつりで縫いつける

❸綿を詰める

綿

折る

クリーム

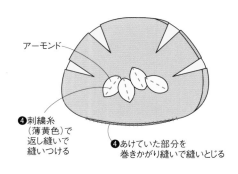

アーモンド

❹刺繍糸
（薄黄色）で
返し縫いで
縫いつける

❹あけていた部分を
巻きかがり縫いで縫いとじる

フランスパン　作り方はP40参照

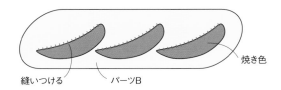

❶本体パーツBにパーツAを重ね、
切り抜いた部分から焼き色が見えるように
焼き色をパーツBに縫いつける

縫いつける

パーツB

焼き色

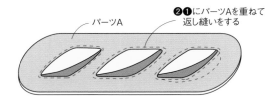

パーツA

❷❶にパーツAを重ねて
返し縫いをする

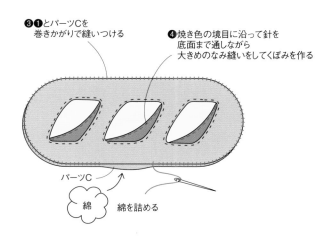

❸❶とパーツCを
巻きかがりで縫いつける

❹焼き色の境目に沿って針を
底面まで通しながら
大きめのなみ縫いをしてくぼみを作る

パーツC

綿

綿を詰める

05 パン＆ドーナツセット　P18
あんぱん
05-7

[材料（1個分）]

フェルト … 茶色8cm×8cm
　　　　　薄黄色8cm×8cm
　　　　　黄土色5cm×5cm
刺繍糸 …… 茶色、黒
手芸綿
厚紙

05 パン＆ドーナツセット　P18
メロンパン
05-8

[材料（1個分）]

フェルト … たまご色10cm×16cm
刺繍糸 …… たまご色、茶色
手芸綿
厚紙

あんぱん

❶上部に刺繍糸（黒）2本取りで
　フレンチノットSt.をする

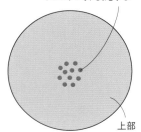

上部

❷下部に底面を厚紙を
　はさんで縫いつける

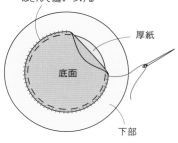

厚紙

底面

下部

❸上部と❷を綿を詰めながら
　巻きかがりで縫い合わせる

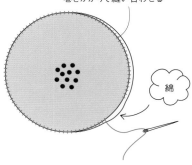

綿

メロンパン

❶表面の周囲をなみ縫いし、
　綿・底面の厚紙の順で置き、
　糸を絞る

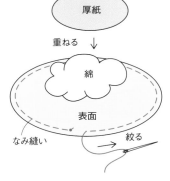

厚紙

重ねる↓

綿

表面

なみ縫い　　　絞る

❷しっかり糸を引いて玉どめした後に、
　綿が足りないようであれば、
　隙間から綿を詰める

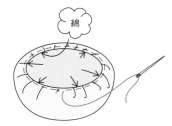

綿

❸底面をたてまつりで
　縫いつける

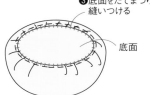

底面

❹表面に刺繍糸（茶色）2本取りを
　図のように1〜10の順に糸を通す

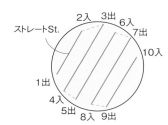

ストレートSt.

2入　3出
6入
7出
10入
1出
4入
5出　8入　9出

※縫いはじめは、パンの縫い目の
　隙間から針を入れて玉結びを
　中にかくす。縫い終わりも、
　縫い目の隙間から針を
　出して玉どめしてから針を
　戻してかくす。
　糸をしっかり引きながら縫うことで
　凹凸感が出る

❺同じ手順で、網目状に
　模様を入れる

チョコロコネ

05-9

【材料（1個分）】

フェルト …… 茶色 7㎝×18㎝
　　　　　　　たまご色 4㎝×6㎝
　　　　　　　こげ茶 2㎝×3㎝
刺繍糸 ……… 茶色、たまご色、こげ茶
手芸綿

チョコロコネ

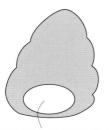

❶本体2枚のうち1枚を切り抜く

❷内側の切り抜いたフェルトの裏側に
　クリームを重ねて、表側から
　返し縫いで縫いつける

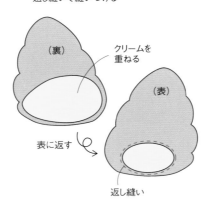

クリームを
重ねる

（裏）

（表）

表に返す

返し縫い

❹中に綿を詰めて、裏側にもう1枚の
　本体を巻きかがりで縫い合わせる

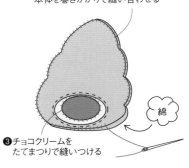

綿

❸チョコクリームを
　たてまつりで縫いつける

❺刺繍糸（茶色）の1本取りで
　図のように刺繍する

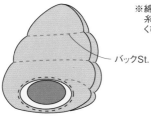

※綿の部分まですくうようにして、
　糸を引き締めながら縫うと
　くびれが出る

バックSt.

06 お寿司セット　P20
握りのシャリ [さびぬき]
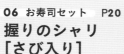
`06-1a`

[材料（1個分）]

フェルト ···· 白 5cm × 13cm
刺繍糸 ······· 白
手芸綿
厚紙

06 お寿司セット　P20
握りのシャリ [さび入り]
`06-1b`

[材料（1個分）]

フェルト ···· 白 5cm × 13cm
　　　　　　薄緑 2cm × 2cm
刺繍糸 ······· 白、薄緑
手芸綿
厚紙

06 お寿司セット　P20
握りのネタ [マグロ]

`06-2`

[材料（1個分）]

フェルト ···· 赤 8cm × 8cm
刺繍糸 ······· 赤
キルト芯

06 お寿司セット　P20
握りのネタ [サーモン]
`06-3`

[材料（1個分）]

フェルト
　·················· オレンジ 8cm × 8cm
刺繍糸 ······· オレンジ、白
キルト芯

握りのシャリ [さびぬき] & [さび入り]

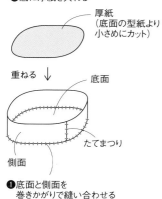

❷底に厚紙を入れる

厚紙
（底面の型紙より
小さめにカット）

重ねる ↓

底面

たてまつり

側面

❶底面と側面を
巻きかがりで縫い合わせる

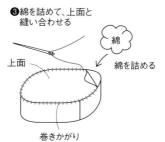

❸綿を詰めて、上面と
縫い合わせる

綿

上面

綿を詰める

巻きかがり

※さび入りは❸の前に
上面にわさびを縫いつける

縫いつける

巻きかがり

握りのネタ [マグロ] & [サーモン]

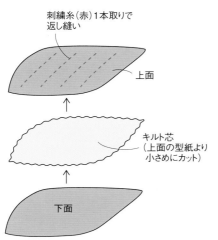

❶上面に刺繍でスジを作る

刺繍糸（赤）1本取りで
返し縫い

上面

キルト芯
（上面の型紙より
小さめにカット）

下面

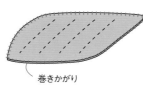

❷上面と下面の間に
キルト芯をはさんで重ねる

巻きかがり

※サーモンは刺繍糸（白）でスジを作り、
マグロと同じように作る

06 お寿司セット　P20

握りのネタ
[鯛]

06-4

[材料（1個分）]

フェルト …… アイボリー 8cm×8cm
　　　　　　ピンク 2cm×8cm
刺繍糸 …… アイボリー、ピンク、白
キルト芯

06 お寿司セット　P20

握りのネタ
[エビ]

06-5

[材料（1個分）]

フェルト …… 白 8cm×7cm
　　　　　　赤 6cm×8cm
刺繍糸 …… 白、赤
キルト芯

握りのネタ[鯛]

❶上面に刺繍でスジを作る

刺繍糸（白）1本取りで
返し縫い

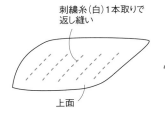

上面

❷上面に模様①〜③を
縫いつける。上面と下面の間に
キルト芯をはさんで重ねる

模様①　模様②　模様③

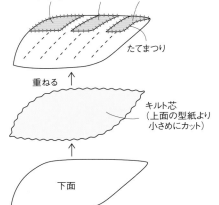

たてまつり

重ねる ↑

キルト芯
（上面の型紙より
小さめにカット）

↑

下面

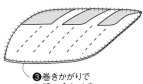

❸巻きかがりで
縫い合わせる

握りのネタ[エビ]

❶上面に模様①②、尾を
たてまつりで縫いつける

模様①　模様②　上面

尾

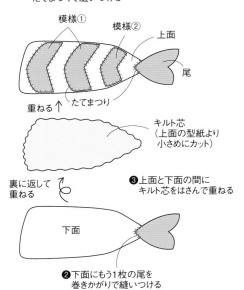

たてまつり

重ねる ↑

キルト芯
（上面の型紙より
小さめにカット）

裏に返して
重ねる

下面

❷下面にもう1枚の尾を
巻きかがりで縫いつける

❸上面と下面の間に
キルト芯をはさんで重ねる

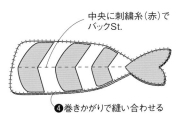

中央に刺繍糸（赤）で
バックSt.

❹巻きかがりで縫い合わせる

握り［玉子］

06-6

［材料（1個分）］

フェルト ···· 白5cm×13cm（シャリ）
　　　　　　黄色8cm×12cm
　　　　　　黒1.5cm×12cm
刺繍糸 ······ 白、黄色、黒、茶色
手芸綿
キルト芯
厚紙

軍艦巻き［ウニ］

06-7

［材料（1個分）］

フェルト ···· 白5cm×13cm（シャリ）　　キルト芯
　　　　　　黒2cm×12cm　　　　　　　厚紙
　　　　　　緑4.5cm×6cm
　　　　　　黄土色9cm×9cm
刺繍糸 ······ 白、黒、緑
手芸綿

握り［玉子］

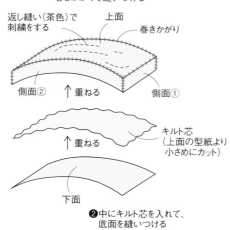

❶上面に、側面①②を
巻きかがりで縫いつける

返し縫い（茶色）で
刺繍をする

上面

巻きかがり

側面②　↑重ねる　側面①

キルト芯
（上面の型紙より
小さめにカット）

↑重ねる

下面

❷中にキルト芯を入れて、
底面を縫いつける

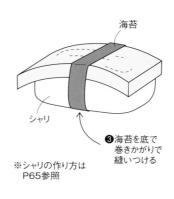

海苔

シャリ

❸海苔を底で
巻きかがりで
縫いつける

※シャリの作り方は
P65参照

軍艦巻き［ウニ］

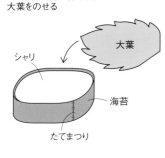

❶シャリの側面に海苔を
巻きつけて縫い合わせ、
大葉をのせる

大葉

シャリ

海苔

たてまつり

※シャリの作り方は
P65参照

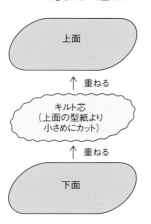

❷上面と下面の間に
キルト芯をはさんで重ねる

上面

↑重ねる

キルト芯
（上面の型紙より
小さめにカット）

↑重ねる

下面

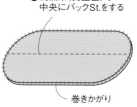

❸刺繍糸（黄土色）で
中央にバックSt.をする

巻きかがり

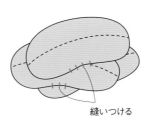

❹同じものを3つ作り、重ねる

縫いつける

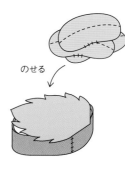

❺❶に❹をのせる

のせる

細巻き［かっぱ］

06-8

[材料（1個分）]

フェルト …… 白7cm×16cm
　　　　　　 緑2cm×3.5cm
　　　　　　 黄緑4cm×6cm
　　　　　　 黒3.5cm×10.5cm
刺繍糸 ……… 白、緑、黒
手芸綿

細巻き［鉄火］

06-9

[材料（1個分）]

フェルト …… 白7cm×16cm
　　　　　　 赤4.5cm×5cm
　　　　　　 黒3.5cm×10.5cm
刺繍糸 ……… 白、赤、黒
手芸綿

細巻き［かっぱ］

❶シャリ2枚に、切り込みを入れて、
　縫いつなぐ

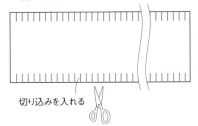

切り込みを入れる

❷きゅうりにシャリを1周巻き、縫いつけてから、端まで巻く

きゅうり

シャリ2枚を
たてまつりで縫いつなぐ

巻く

たてまつり

端まで巻く

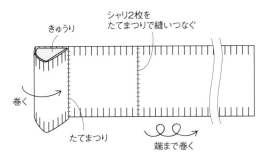

※細巻き［鉄火］を作るときには
　鉄火にシャリを巻く

❸巻ききったところを
　たてまつりで縫いつける

❹たてまつり

巻く

海苔

きゅうり

マチ　　皮

❶巻きかがりで
　縫いつなぐ

上面

❷巻きかがり

↑

❸綿を詰める

↑

❹下面を巻きかがりで
　縫いつける

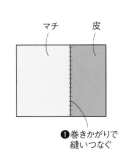

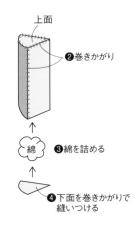

鉄火

マチ

❶巻きかがり

上面

❷巻きかがり

↑

❸綿を詰める

↑

❹下面を巻きかがりで
　縫いつける

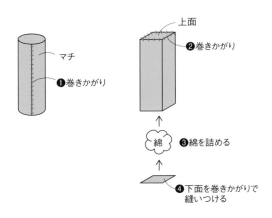

茶碗蒸し

[材料（1個分）]

フェルト … 白20cm×20cm（2枚）
たまご色6cm×12cm
山吹色2cm×2cm
こげ茶2.5cm×2.5cm
緑2cm×2.5cm
薄ピンク2cm×4cm
水色5cm×5cm
紺5cm×5cm

刺繍糸 …… 白、黄色、緑、紺、
ベージュ、水色

手芸綿
厚紙

06-10

茶碗蒸し

❶本体1枚に模様を縫いつけ、外側を作る

外側

模様　　刺繍糸（紺）で返し縫い　　刺繍糸（水色）で返し縫い

❷本体2枚を重ねて半分に折ると、内側に余分がでてはみ出すので切る

間に厚紙をはさむ

外側　内側　余分を切る　3〜5mm

たてまつりで縫い合わせる

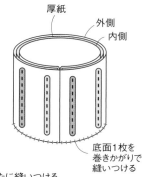

❸外側と内側の間に厚紙をはさみ、両端を巻きかがりで縫いつける

厚紙　外側　内側

底面1枚を巻きかがりで縫いつける

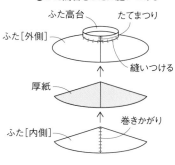

❹外側と内側を巻きかがり

重ねる↑　厚紙

重ねる↑

❺もう1枚の底面を本体に巻きかがりで縫いつける

❻ふたの直線部分を縫いつけ、同じものをもう1つ作る

ふた

（上から見たところ）

巻きかがり

（横から見たところ）

半分に折る

ふた高台

❼ふた高台をふたに縫いつける

ふた高台　たてまつり

ふた[外側]　　縫いつける

厚紙

ふた[内側]　　巻きかがり

巻きかがり

❽中身に具を縫いつける

刺繍糸（ベージュ）でストレートSt.

しいたけ

綿を詰める

綿

しいたけを縫いつける

中身

かまぼこを縫いつける

かまぼこ内側をかまぼこ外側に縫いつける

銀杏

しいたけと同じように縫いつける

綿

かまぼこ内側

かまぼこ外側

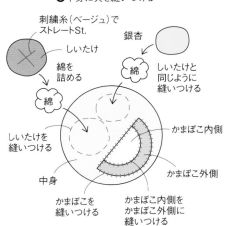

❾三つ葉の中心を縫いつける。三つ葉の茎は、4本取りの刺繍糸（緑）をAから出し、たるませてBの位置に入れて玉どめをする

たるませた糸をくるんと巻いて縫いとめる

B　A

刺繍糸（緑）でバックSt.

三つ葉

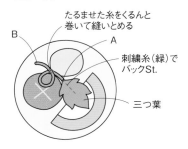

❿厚紙をはさんでもう1枚の中身と巻きかがりで縫い合わせる

巻きかがり

重ねる↑

厚紙

重ねる↑

中身

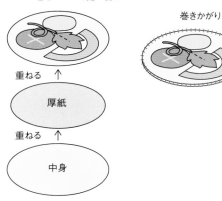

07 ケーキセット P22

ショートケーキ 07-1

[材料（1個分）]

フェルト ⋯⋯ 白20cm×20cm（2枚）
　　　　　たまご色2cm×13cm
　　　　　赤10cm×10cm
　　　　　ピンク2cm×4cm
刺繍糸 ⋯⋯⋯ 白、赤、たまご色、ベージュ
手芸綿
メラミンスポンジ

07 ケーキセット P22

チョコレートケーキ 07-2

[材料（1個分）]

フェルト ⋯⋯ ベージュ20cm×20cm（2枚）
　　　　　こげ茶2cm×13cm
　　　　　白4cm×5cm
刺繍糸 ⋯⋯⋯ ベージュ、白、こげ茶
手芸綿
メラミンスポンジ

ショートケーキ　作り方はP37参照

❶断面いちご①に②を重ねて
いちごのスジの刺繍をして縫いつける

刺繍糸（白）
2本取りで
ストレートSt.

❷断面①に断面②をたてまつりで縫いつけて
断面いちご4つを図のように縫いつける

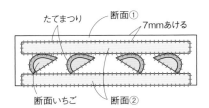

たてまつり　断面①
7mmあける
断面いちご　断面②

❸断面と底面を巻きかがりで
縫い合わせる

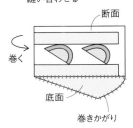

断面
巻く
底面
巻きかがり

❹上面をたてまつりで縫いつける

たてまつり　折る　上面
4cm

❺型紙を当ててメラミンスポンジを
カットし、中に入れる

メラミンスポンジ

❻側面を本体に
巻きかがりで
縫いつける

※チョコレートケーキは
いちごを除いて、
❷～❻の手順で作る

上面クリーム

❼クルクルと巻いて、
縫いとめる

上面クリーム
❽縫いつける

いちご　作り方はP37参照

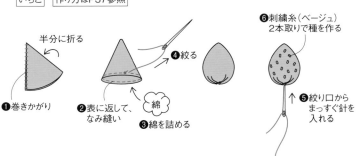

半分に折る
❶巻きかがり
❷表に返して、なみ縫い
綿
❸綿を詰める
❹絞る
❺絞り口からまっすぐ針を入れる
❻刺繍糸（ベージュ）2本取りで種を作る

巻きチョコ

❶端から
クルクルと巻く

❷たてまつり

❸刺繍糸（こげ茶）6本取りを
ぐるぐると巻きつけて
縫いとめる

※図のように1周ごとに2～3mm
フェルトにくぐらせると糸がズレにくくなる

まとめ方

ショートケーキ

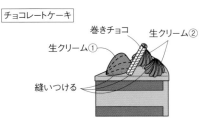
生クリーム②
いちご
縫いつける

生クリーム①　作り方はP41参照

❶いちごと同じ
手順で
❹まで作る

❷刺繍糸（ベージュ）
1本取りでなみ縫い

生クリーム②

❶半分に折る

❷返し縫い

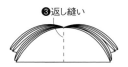
❸返し縫い

❹4～5カ所、
縫い合わせる

※2個作る

チョコレートケーキ

巻きチョコ　生クリーム②
生クリーム①
縫いつける

ミルフィーユ 07-3

[材料（1個分）]

フェルト …… 黄土色 20cm×20cm
　　　　　　たまご色 20cm×20cm
　　　　　　赤 12cm×15cm
　　　　　　白 10cm×13cm
刺繍糸 …… 黄土色、たまご色、赤、白、ベージュ
手芸綿

レアチーズケーキ 07-4

[材料（1個分）]

フェルト …… アイボリー 20cm×20cm
　　　　　　赤 4cm×8cm
　　　　　　薄ピンク 4cm×4cm
　　　　　　紫 3.5cm×3.5cm
　　　　　　黄土色 7cm×10.5cm
　　　　　　白 10cm×13cm
刺繍糸 …… 白、赤、薄ピンク、紫、薄紫
手芸綿
メラミンスポンジ

ミルフィーユ

❶半分に折って、周囲をなみ縫いする
※同じものを3つ作る

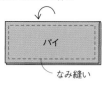
パイ
なみ縫い

❷カスタードのまわりを
なみ縫いして絞る

カスタード
絞る

裏側

横から見たところ

平たくつぶすように
形を整える

❸カスタード2枚で
いちごスライスを2枚はさむ

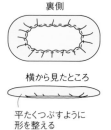
カスタード
いちごスライス
カスタード

❹重ねたものを縫い合わせる
※端ではなく、中央寄りのところを縫う

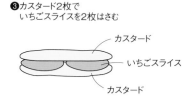
なみ縫い

パイとカスタードを
順に重ね、中心を
軽く縫いとめる

生クリーム③

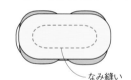
生クリーム③
❶半分に折る

❷5〜6枚重ねて
なみ縫い
2mm

開いて形を
整える

※2個作る

レアチーズケーキ

❶型紙通りにスポンジをカットする

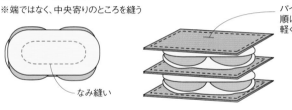
メラミンスポンジ
4cm
メラミンスポンジ

❷側面2枚と上面を縫い合わせ、
メラミンスポンジを入れる

巻きかがり
上面
側面
メラミンスポンジ

❸底面を縫いつける

巻きかがり
巻きかがり
❺接着剤で貼る

底面（黄土色）
❹接着剤で
貼り合わせる

まとめ方

ミルフィーユ

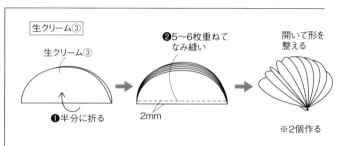
生クリーム③
ショート
ケーキの
いちご
縫いつける

レアチーズケーキ

ブルーベリー
生クリーム③
半いちご
縫いつける

半いちご

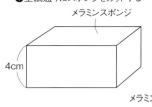
半いちご断面
芯
❷たてまつり
❶刺繍糸
（白）1本取りで
スジをストレートSt.

❸半いちごの外側を
巻きかがる

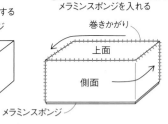
❹綿を詰めて、
底を縫いつける
綿

ブルーベリー

❶周囲をなみ縫いして
綿を詰めながら
糸を引いて絞りとじる

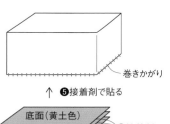
綿
ブルーベリー
絞る

❷中央に刺繍糸
（薄紫）2本取り
のストレートSt.で
刺繍する

07 ケーキセット　P22

ベリームースケーキ　07-5

[材料（1個分）]

フェルト … アイボリー 7.5cm×18cm
白 10cm×12cm
ワインレッド 5.5cm×5.5cm
薄ピンク 8.5cm×18cm
紫 3.5cm×3.5cm
緑 1.5cm×4cm
刺繍糸 …… 白、ワインレッド、
薄ピンク、薄紫、緑

手芸綿
厚紙

07 ケーキセット　P22

モンブラン　07-6

[材料（1個分）]

フェルト … たまご色 16cm×20cm
茶色 8cm×20cm
白 6cm×6cm
山吹色 5cm×10cm
刺繍糸 …… たまご色、茶色、白、山吹色
手芸綿
厚紙

ベリームースケーキ

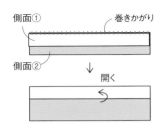

❶側面①と②を中表に重ねて
巻きかがりで縫い合わせて開く

側面①
巻きかがり
側面②
↓
開く

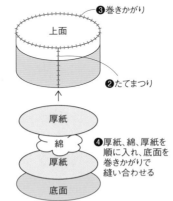

❸巻きかがり
上面
❷たてまつり
↑
厚紙
綿
厚紙
底面
❹厚紙、綿、厚紙を
順に入れ、底面を
巻きかがりで
縫い合わせる

※ブルーベリーをP71の
レアチーズケーキの
ブルーベリーと同様に作る

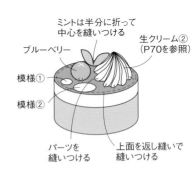

まとめ方

ミントは半分に折って
中心を縫いつける
生クリーム②
（P70を参照）
ブルーベリー
模様①
模様②
パーツを
縫いつける
上面を返し縫いで
縫いつける

モンブラン

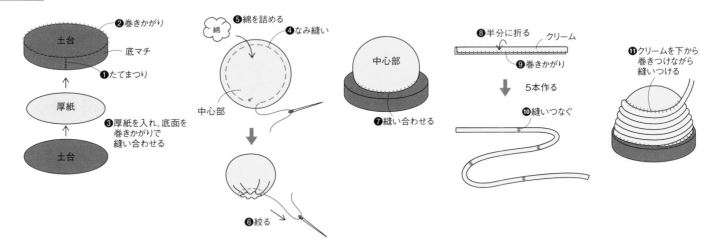

❷巻きかがり
土台
底マチ
❶たてまつり
↑
厚紙
↑
土台
❸厚紙を入れ、底面を
巻きかがりで
縫い合わせる

❺綿を詰める
綿
❹なみ縫い
中心部
❻絞る

中心部
❼縫い合わせる

❽半分に折る　クリーム
❾巻きかがり
5本作る
❿縫いつなぐ

⓫クリームを下から
巻きつけながら
縫いつける

⓬P71のミルフィーユのカスタードと
同様に生クリームを作る
横から見たところ
平たくつぶすように
形を整える

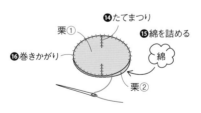

⓭生クリームを
重ねて縫いつける

まとめ方

⓮たてまつり
栗①
⓯綿を詰める
綿
⓰巻きかがり
栗②

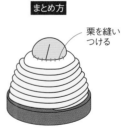

栗を縫い
つける

08 キッシュ＆サンドイッチセット　P24

バゲット

08-1

[材料（1個分）]

フェルト … アイボリー 8.5cm×16cm
　　　　　茶色 1.5cm×12cm
　　　　　黄土色 1.5cm×13cm
刺繍糸 …… アイボリー、茶色
キルト芯
メラミンスポンジ

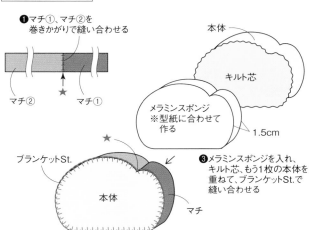

08 キッシュ＆サンドイッチセット　P24

バゲットサンド

08-2

[材料（1個分）]

フェルト … アイボリー 20cm×20cm
　　　　　茶色 3cm×12cm
　　　　　黄土色 3cm×13cm
刺繍糸 …… アイボリー、茶色
キルト芯
メラミンスポンジ

08 キッシュ＆サンドイッチセット　P24

ゆで卵

08-3

[材料（1個分）]

フェルト … 白 9cm×12.5cm
　　　　　山吹色 3cm×6cm
刺繍糸 …… 白、山吹色
キルト芯

08 キッシュ＆サンドイッチセット　P24

エビ　08-4

[材料（1個分）]

フェルト … 白 5cm×9cm
　　　　　赤 5cm×5cm
刺繍糸 …… 白、赤
手芸綿

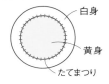

08 キッシュ＆サンドイッチセット　P24

アボカド　08-5

[材料（1個分）]

フェルト … 黄緑 3cm×10cm
　　　　　薄黄色 4cm×5cm
刺繍糸 … 黄緑、薄黄色
キルト芯

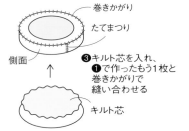

バゲット＆バゲットサンド

❶マチ①、マチ②を
巻きかがりで縫い合わせる

マチ②　★　マチ①

ブランケットSt.

本体

マチ

❷★を本体のくぼみに合わせ、
本体1枚と縫い合わせる

本体

キルト芯

メラミンスポンジ
※型紙に合わせて
作る

1.5cm

❸メラミンスポンジを入れ、
キルト芯、もう1枚の本体を
重ねて、ブランケットSt.で
縫い合わせる

※バゲットサンドはバゲットを
2つ作り、縫い合わせる

ゆで卵

❶白身に黄身を縫いつける

白身
黄身
たてまつり

※2枚作る

❷❶に側面を縫いつける

巻きかがり
たてまつり

側面

❸キルト芯を入れ、
❶で作ったもう1枚と
巻きかがりで
縫い合わせる

キルト芯

エビ

❶本体2枚を重ねて縫い合わせる

巻きかがり
本体
綿
綿を詰める

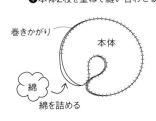

❷模様を半分に折り、
切り込みを入れる

切る
半分に折る

模様

エビの中心側
になる

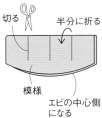

❸本体に模様を巻き、
模様の端を縫い合わせる

模様
巻く
本体

巻きかがり

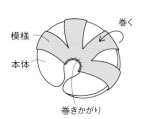

アボカド

外側
内側

❶巻きかがりで
縫い合わせる

※もう1つ作る

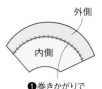

❷2枚の間にキルト芯を入れ、
縫い合わせる

巻きかがり
キルト芯

73

08 キッシュ＆サンドイッチセット　**P24**

きゅうり　`08-6`

[材料（1個分）]

フェルト …・ 緑4cm×6cm
　　　　　薄緑3.5cm×6cm
刺繍糸 …… 緑、ベージュ

08 キッシュ＆サンドイッチセット　**P24**

トマト　`08-7`

[材料（1個分）]

フェルト …・ 赤5cm×5cm
　　　　　エンジ4cm×4cm
刺繍糸 …… 赤、ベージュ
キルト芯

08 キッシュ＆サンドイッチセット　**P24**

バター　`08-10`

[材料（1個分）]

フェルト …・ たまご色7cm×12cm
刺繍糸 …… たまご色
手芸綿

08 キッシュ＆サンドイッチセット　**P24**

レタス　`08-8`

[材料（1個分）]

フェルト …・ 黄緑6cm×6cm
刺繍糸 …… 黄緑

08 キッシュ＆サンドイッチセット　**P24**

食パン　`08-9`

[材料（1個分）]

フェルト …・ 白7cm×14cm
　　　　　黄土色4cm×15cm

刺繍糸 …… 白、黄土色
メラミンスポンジ

08 キッシュ＆サンドイッチセット　**P24**

ジャム　`08-11`

[材料（1個分）]

フェルト …・ 赤7cm×8cm
刺繍糸 …… 赤

[きゅうり]

❶外側と内側を
たてまつりで
縫い合わせる
外側
内側

❷刺繍糸（ベージュ）2本取りで
レゼーデイジーSt.をする

❸2枚を外表に重ねて、
縫い合わせる
（裏）
巻きかがり

※2枚作る

[トマト]

❶本体にゼリー部分を
返し縫いで縫いつける
本体
ゼリー部分

❷刺繍糸（ベージュ）2本取りで
レゼーデイジーSt.をする

❹巻きかがりか
ブランケットSt.で、
縫い合わせる

❸半分に折り、
キルト芯をはさむ
キルト芯

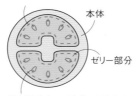

[レタス]

❶中央を1cmの
間隔でなみ縫いをする

❷糸を引いて
ギャザーを寄せ、
玉どめをする

[食パン]

❶食パンの型紙に合わせて
メラミンスポンジをカットする
メラミンスポンジ
1.5cm

❷本体と耳を
縫い合わせる
本体
耳

❸メラミンスポンジを中に入れ
もう1枚の本体を
縫い合わせる
本体
メラミンスポンジ

[バター]

❶バター①の四隅を
縫い合わせ、綿を入れる

折る
バター①
巻きかがり
綿
綿を入れる

バター①　バター②

❷たてまつりで
縫いつける

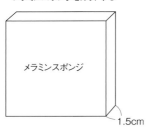
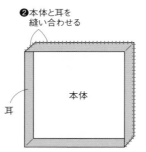

[ジャム]

ジャム
刺繍糸（赤）で
フレンチノットSt.

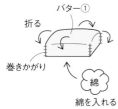

[まとめ方]

バタートースト
バター
食パン

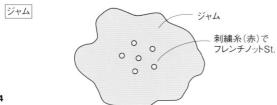

ジャムトースト
ジャム
食パン

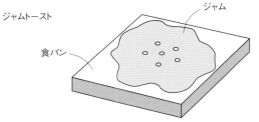

キッシュ 08-12

[材料（1個分）]

フェルト ⋯⋯ たまご色 8cm×13cm
　　　　　　黄緑 1.5cm×5.5cm
　　　　　　茶色 8cm×13cm
　　　　　　山吹色 2cm×2cm
　　　　　　深緑 4cm×4cm
　　　　　　草色 3cm×3cm
　　　　　　赤 2cm×2cm

刺繍糸 ⋯⋯⋯ たまご色、黄緑、茶色、
　　　　　　山吹色、深緑、草色、赤

手芸綿
厚紙

キッシュ

❶上面にアスパラ・パプリカ・カボチャを縫いつける

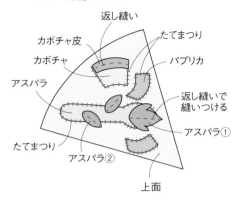

返し縫い
カボチャ皮
カボチャ
アスパラ
たてまつり
アスパラ②
上面
たてまつり
パプリカ
返し縫いで縫いつける
アスパラ①

❷断面にホウレンソウ①②を縫いつける

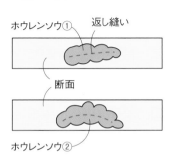

ホウレンソウ①
返し縫い
断面
ホウレンソウ②

❸上面と断面を巻きかがりで縫い合わせる

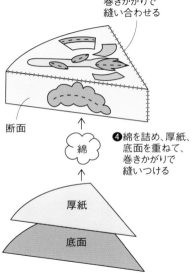

断面
綿
厚紙
底面

❹綿を詰め、厚紙、底面を重ねて、巻きかがりで縫いつける

❺キッシュ側面を2枚重ねて、底面と断面に縫いつける

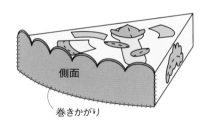

側面
巻きかがり

❻側面の内側のほうのフェルトに上面を縫いつける

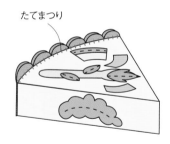

たてまつり

❼側面の上部を縫い合わせる

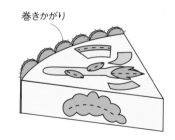

巻きかがり

75

09 のりものセット　P27

乗用車　09-1

[材料 (1個分)]

フェルト ···· ピンク7cm×17cm
　　　　　　水色4cm×6cm
　　　　　　黒4cm×8cm
　　　　　　グレー3cm×3cm
　　　　　　黄色1cm×2cm
刺繍糸 ······ ピンク、水色、黒、グレー、黄色
メラミンスポンジ

09 のりものセット　P27

タクシー　09-2

[材料 (1個分)]

フェルト ···· 黄色8cm×19cm
　　　　　　緑7cm×2cm
　　　　　　水色4cm×6cm
　　　　　　白2cm×2cm
　　　　　　黒4cm×8cm
　　　　　　グレー3cm×3cm

刺繍糸 ······· 黄色、緑、水色、
　　　　　　　白、黒、グレー
メラミンスポンジ

乗用車

❶本体に窓(横)を縫いつける

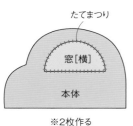

たてまつり

窓［横］

本体

※2枚作る

❷本体2枚とマチを
　巻きかがりで縫い合わせる

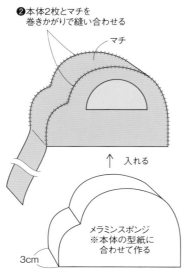

マチ

入れる

メラミンスポンジ
※本体の型紙に
合わせて作る

3cm

❸メラミンスポンジを入れてから
　底部分のマチを巻きかがりで縫いつける

❹タイヤ1枚にホイールを縫いつけ、
　もう1枚のタイヤを縫い合わせる

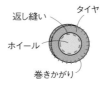

返し縫い

タイヤ

ホイール

巻きかがり

※4つ作る

❺タイヤ、窓(前・後)、ライトを
　縫いつける

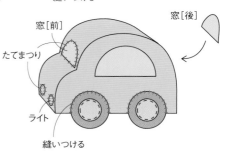

窓［後］

窓［前］

たてまつり

ライト

縫いつける

タクシー

❶プレートを作る

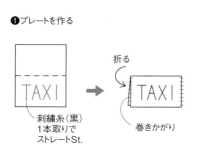

折る

TAXI → TAXI

刺繍糸(黒)
1本取りで
ストレートSt.

巻きかがり

❷乗用車と同じようにタクシー本体を作り、
　パーツを縫いつける

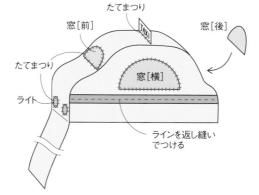

たてまつり

窓［前］

たてまつり

ライト

窓［横］

窓［後］

ラインを返し縫い
でつける

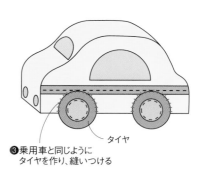

タイヤ

❸乗用車と同じように
　タイヤを作り、縫いつける

09 のりものセット　P27
パトカー `09-3`

[材料（1個分）]

フェルト ···· 白7cm×17cm
　　　　　　黒19cm×6cm
　　　　　　水色4cm×6cm
　　　　　　赤2.5cm×5cm
　　　　　　グレー 3cm×3cm
　　　　　　黄色1cm×2cm

刺繍糸 ······ 白、黒、水色、赤、グレー、黄色
メラミンスポンジ

09 のりものセット　P27
バス `09-4`

[材料（1個分）]

フェルト ···· 白10cm×15cm
　　　　　　黄緑1cm×19cm
　　　　　　水色6cm×6cm
　　　　　　黒4cm×8cm
　　　　　　グレー 3cm×3cm
　　　　　　黄色1cm×2cm

刺繍糸 ······ 白、黄緑、水色、黒、
　　　　　　グレー、黄色
メラミンスポンジ

09 のりものセット　P27
救急車 `09-5`

[材料（1個分）]

フェルト ···· 白10cm×20cm
　　　　　　赤4cm×19cm
　　　　　　水色6cm×6cm
　　　　　　黒4cm×8cm
　　　　　　グレー 3cm×3cm
　　　　　　黄色1cm×2cm

刺繍糸 ······ 白、赤、水色、黒、グレー、黄色
メラミンスポンジ

パトカー

❶ランプを端から巻いて、
たてまつりをする

❷乗用車と同じように本体を作り、
パーツを縫いつける

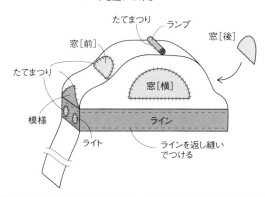

窓[前]　たてまつり　ランプ　窓[後]
たてまつり
模様
ライト
窓[横]
ライン
ラインを返し縫い
でつける

❸乗用車と同じように
タイヤを作り、縫いつける

タイヤ

バス

❶本体にパーツを縫いつけ、
メラミンスポンジを入れる

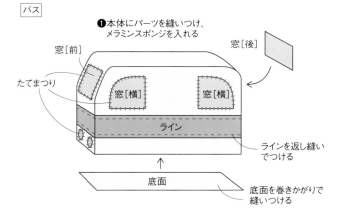

窓[前]
たてまつり
窓[横]　窓[横]
窓[後]
ライン
ラインを返し縫い
でつける
底面
底面を巻きかがりで
縫いつける

❸ドアを両側面にたてまつりで
縫いつける

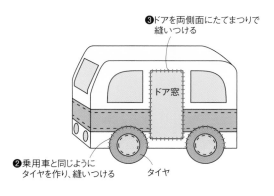

ドア窓
❷乗用車と同じように
タイヤを作り、縫いつける
タイヤ

救急車

❶パトカーと同じようにランプを作り、本体に
パーツを縫いつけ、メラミンスポンジを入れる

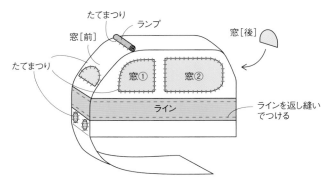

窓[前]　たてまつり　ランプ　窓[後]
たてまつり
窓①　窓②
ライン
ラインを返し縫い
でつける

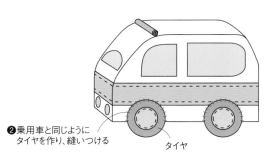

❷乗用車と同じように
タイヤを作り、縫いつける
タイヤ

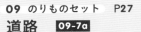

09 のりものセット P27	09 のりものセット P27	09 のりものセット P27	09 のりものセット P27
消防車 09-6	**道路** 09-7a	**道路（横断歩道付き）** 09-7b	**信号機** 09-8

消防車 09-6

[材料（1個分）]

フェルト … 赤15cm×15cm
　　　　　水色4cm×6cm
　　　　　黒4cm×8cm
　　　　　グレー6cm×7cm
　　　　　黄色3cm×4.5cm
刺繍糸 …… 赤、白、黒、水色、グレー
メラミンスポンジ
カラーロープ … 白約4cm

道路 09-7a

[材料（1個分）]

フェルト … グレー18cm×16cm
　　　　　3cm×6.5cm
刺繍糸 …… グレー
メラミンスポンジ
… 6.5cm×18cm（厚さ1.5cm）

道路（横断歩道付き） 09-7b

[材料（1個分）]

フェルト … グレー18cm×16cm
　　　　　3cm×6.5cm
　　　　　白4.5cm×3cm
刺繍糸 …… グレー、白
メラミンスポンジ
… 6.5cm×18cm（厚さ1.5cm）

信号機 09-8

[材料（1個分）]

フェルト … グレー4cm×13cm
　　　　　黒4.5cm×4cm
　　　　　赤1.5cm×1.5cm
　　　　　青1.5cm×1.5cm
　　　　　黄色1.5cm×1.5cm
刺繍糸 …… グレー、黒、
　　　　　赤、青、黄色

消防車

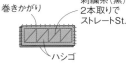

❶ハシゴ2枚にそれぞれ刺繍をし、
縫い合わせる

巻きかがり
刺繍糸（黒）
2本取りで
ストレートSt.
ハシゴ

❷ホース先端をカラーロープに巻き、
たてまつりをし、カラーロープに
縫いつける。

カラーロープ
ホース先端

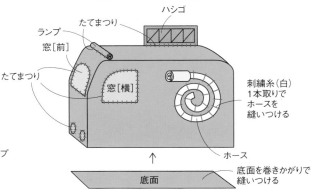

❸P77のパトカーと同じようにランプを作り、本体に
パーツを縫いつけ、メラミンスポンジを入れる

ハシゴ
ランプ
窓［前］
たてまつり
たてまつり
窓［横］
刺繍糸（白）
1本取りで
ホースを
縫いつける
ホース
↑
底面
底面を巻きかがりで
縫いつける

❹P76の乗用車と同じように
タイヤを作り、縫いつける

タイヤ

道路

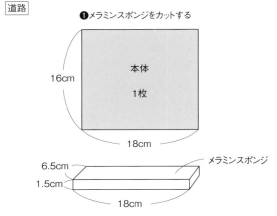

❶メラミンスポンジをカットする

16cm
本体
1枚
18cm

6.5cm
1.5cm
メラミンスポンジ
18cm

❷メラミンスポンジに本体を巻いて、
縫い合わせ、側面を縫いつける

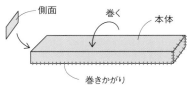

側面
巻く
本体
巻きかがり

❸横断歩道付きは、横断歩道を
返し縫いで縫いつける

上面
横断歩道

信号機

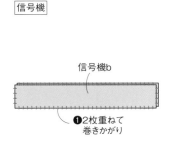

信号機b
❶2枚重ねて
巻きかがり

折る
❷両端を
縫い合わせる

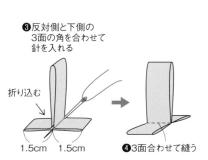

❸反対側と下側の
3面の角を合わせて
針を入れる

折り込む
1.5cm　1.5cm

❹3面合わせて縫う

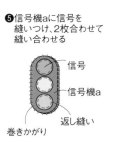

❺信号機aに信号を
縫いつけ、2枚合わせて
縫い合わせる

信号
信号機a
返し縫い
巻きかがり

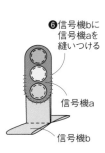

❻信号機bに
信号機aを
縫いつける

信号機a
信号機b

新幹線［先頭車両］ 09-9

[材料（1個分）]

フェルト … 白14cm×13cm
水色4cm×7cm
黄色2cm×6cm
紫2cm×7.5cm
黒8cm×8cm
刺繍糸 …… 白、水色、黄色、紫、黒
メラミンスポンジ
スナップボタン

新幹線［中間車両］ 09-10

[材料（1個分）]

フェルト … 白15cm×13cm
水色3cm×5cm
黄色2cm×6cm
紫2cm×7.5cm
黒8cm×8cm
刺繍糸 …… 白、水色、黄色、紫、黒
手芸綿
メラミンスポンジ
スナップボタン

プレイマット 09-11

[材料（1個分）]

フェルト … 黄土色40cm×40cm
グレー2cm×35cm
茶色13cm×12cm

ふみきり 09-12

[材料（1個分）]

フェルト … 黒10cm×18cm
赤2cm×4cm
刺繍糸 …… 黒、赤
手芸綿

新幹線

❶本体にパーツを縫いつける

たてまつり
横窓
返し縫い
下ライン　上ライン

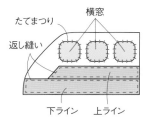

※2枚作る

❷本体とマチを巻きかがりで縫い合わせる
❸前窓をたてまつりで縫いつける
前窓
マチ

↑入れる

メラミンスポンジ
※新幹線の型紙に合わせて作る

3cm
底面

❹メラミンスポンジを入れ、底面を巻きかがりで縫いつける

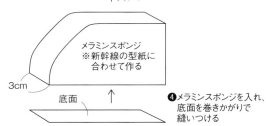

[先頭車両]

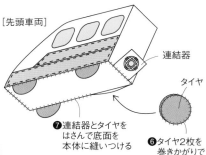

連結器
タイヤ

❺連結器を作る
スナップボタンを縫いつける
折る
連結器
巻きかがり

❼連結器とタイヤをはさんで底面を本体に縫いつける

❻タイヤ2枚を巻きかがりで縫い合わせる

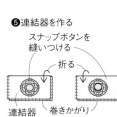

[中間車両]　❽中間車両を先頭車両と同じように作る

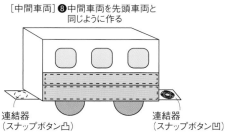

連結器
（スナップボタン凸）
連結器
（スナップボタン凹）

プレイマット

線路12枚をバランスよく接着剤で貼り、その上に図のように2枚にカットしたグレーのフェルトを貼る

線路
1cm
35cm

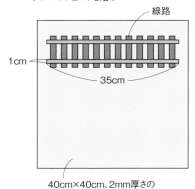

40cm×40cm、2mm厚さのフェルト（黄土色）

ふみきり

❶ふみきりaを巻き、端を縫いとめる

ふみきりa
たてまつり

❷台に台のマチを縫いつける
巻きかがり
台
台のマチ
たてまつり

綿

❸綿を入れてもう1枚の台を巻きかがりで縫いつける

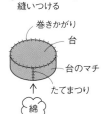

❹ふみきりcにライトを縫いつけ、ふみきりc2枚を縫い合わせる
返し縫い
巻きかがり
ライト
ふみきりc

❺ふみきりb2枚を接着剤で貼る

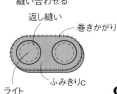

※2枚作る

❻❺は、図のように重ねて接着剤で貼る

裏で縫いつける
縫いつける

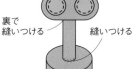

10 おでかけセット　P29
腕時計（イエロー）　10-1a

[材料（1個分）]

フェルト …… 黄色10cm×18cm
　　　　　　白4cm×4cm
　　　　　　オレンジ1cm×2cm
　　　　　　黄緑1cm×2cm
刺繍糸 …… 黄色、白、緑、赤
手芸綿
ボタン
面ファスナー
　…… 1.5cm×2.5cm

10 おでかけセット　P29
腕時計（ブラウン）　10-1b

[材料（1個分）]

フェルト …… 茶色5cm×18cm
　　　　　　こげ茶5cm×13cm
　　　　　　白4cm×4cm
　　　　　　赤2cm×2cm
刺繍糸 …… 茶色、こげ茶、白、赤
手芸綿
ボタン
面ファスナー
　…… 1.5cm×2.5cm

10 おでかけセット　P29
腕時計（レッド）　10-1c

[材料（1個分）]

フェルト …… 緑5cm×18cm
　　　　　　赤4cm×12cm
　　　　　　白4cm×4cm
　　　　　　黄緑2cm×2cm
　　　　　　薄黄色2cm×2cm
刺繍糸 …… 緑、赤、白、黄色
手芸綿
ボタン
面ファスナー …… 1.5cm×2.5cm

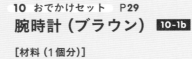

腕時計　※図はレッドの色で解説。ステッチの色は型紙を参照

❶腕時計①に腕時計②の
　切り抜いたほうを重ね
　返し縫いで縫いつける

刺繍糸（緑）
2本取りで
ストレートSt.

刺繍糸（黄色）で
フレンチノットSt.

腕時計②
（切り抜いたもの）

腕時計①

針①

針②

❷針①②を刺繍糸（赤）で
　縫いとめる

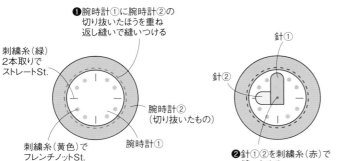

❸ベルト通しを半分に折り、両端を縫い合わせ、
　もう1枚の腕時計②に縫いつける

ベルト通し

折る

巻きかがり

腕時計②

ベルト通し

たてまつり

❹❷にマチを縫いつけ、
　綿を詰めて❸を縫いつける

マチ　腕時計②　綿

巻きかがり

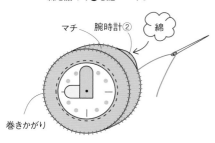

表	裏

※ベルト通しの位置が
　緑の文字盤と平行に
　なるようにつける

❺ベルトに面ファスナーとボタンをつけ、
　2枚を重ねて縫い合わせる

縫いつける　ボタンをつける

面ファスナー（ループ）

面ファスナー（フック）

縫いつける

返し縫い

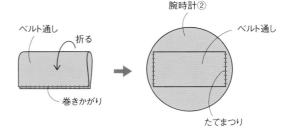

❻ベルト通しにベルトを通す

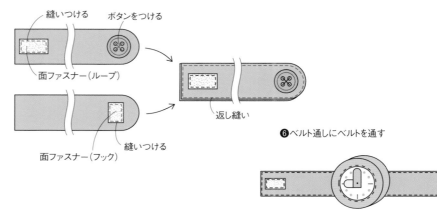

10 おでかけセット　P29　**10-2a**
カメラ型ポーチ（イエロー）

[材料（1個分）]

フェルト‥‥ 黄色 40cm×40cm
　　　　　　 緑 5cm×14cm
　　　　　　 水色 3cm×6cm
　　　　　　 薄黄色 6cm×6cm
　　　　　　 オレンジ 3cm×11cm
　　　　　　 茶色 5cm×11cm

刺繍糸‥‥‥ 黄色、緑、水色、
　　　　　　 薄黄色、オレンジ、
　　　　　　 茶色

厚紙
キルト芯
リボン‥‥ 紺約70cm
磁石
‥‥ 直径約7mm 1個
パールビーズ

10 おでかけセット　P29　**10-2b**
カメラ型ポーチ（ブラウン）

[材料（1個分）]

フェルト‥‥ こげ茶 40cm×40cm
　　　　　　 白 5cm×14cm
　　　　　　 水色 3cm×6cm
　　　　　　 赤 3cm×3cm
　　　　　　 黄色 1.5cm×2cm
　　　　　　 緑 3cm×11cm

刺繍糸‥‥‥ 茶色、白、水色、
　　　　　　 赤、黄色、緑

厚紙
キルト芯
ひも‥‥ 茶約70cm
磁石
‥‥ 直径約7mm 1個
パールビーズ

10 おでかけセット　P29　**10-2c**
カメラ型ポーチ（レッド）

[材料（1個分）]

フェルト‥‥ 赤 40cm×40cm
　　　　　　 白 5cm×14cm
　　　　　　 水色 3cm×6cm
　　　　　　 黄色 3cm×3cm
　　　　　　 薄黄色 6cm×6cm
　　　　　　 緑 3cm×11cm
　　　　　　 こげ茶 5cm×11cm

刺繍糸‥‥‥ 赤、白、水色、
　　　　　　 黄色、薄黄色、緑

厚紙
キルト芯
リボン‥‥ 赤約70cm
磁石
‥‥ 直径約7mm 1個
パールビーズ

カメラ型ポーチ

❶レンズ①にレンズ②を重ねて、縫い合わせ、マチと縫い合わせる

巻きかがり
返し縫い
レンズ①
レンズ②
レンズ側面
たてまつり

キルト芯

❷キルト芯を5〜6枚重ねて入れる

❹本体①に本体②を縫いつけ、パーツを縫いつける

表側

返し縫い
レバー

たてまつり
花
縫いつける
返し縫い
ファインダー窓
本体②

❸レバーは2枚重ねて縫い合わせる。レバーをパールビーズで縫いつける

約4cm
返し縫い
本体①

裏側

返し縫い
とめ具①
磁石をはさんで返し縫い
本体②

本体①

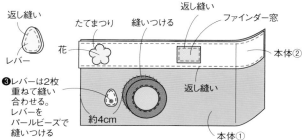
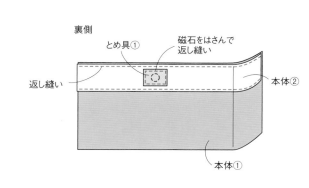

❺残りの本体①2枚と底面1枚を縫い合わせ、内側の本体を作る

本体①
巻きかがり
底面

❽キルト芯をはさみ、内側の本体を入れる

キルト芯

❻❹の本体の表側と裏側を巻きかがりで縫い合わせる

❼底を重ねて、巻きかがる

キルト芯
厚紙
底面

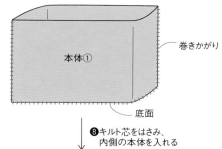
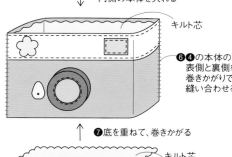

❾シャッターボタンを作る

クルクル巻く
たてまつり
シャッターボタン

❿上面にシャッターボタンを縫いつけ、上面2枚の間に厚紙をはさみ、とめ具②をはさんで縫い合わせる

とめ具②
磁石をはさんで返し縫い
厚紙をはさむ
上面
巻きかがり
シャッターボタンをたてまつりで縫いつける

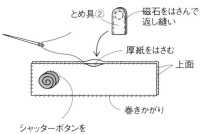

⓫本体に上面とリボンをつける

巻きかがり
上面
リボン
巻きかがり
本体

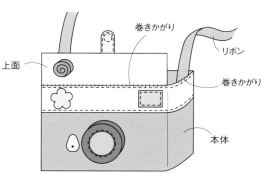

おにぎり 11-1

[材料（1個分）]

フェルト … 白20cm×20cm
　　　　　　黒2cm×17cm
刺繍糸 …… 白、黒
手芸綿
面ファスナー
　… 1.2cm×1.7cm

おにぎりの具 [うめぼし] 11-2

[材料（1個分）]

フェルト … 赤6cm×9cm
刺繍糸 …… 赤、黒
手芸綿

おにぎりの具 [鮭] 11-3

[材料（1個分）]

フェルト … オレンジ9cm×12cm
刺繍糸 …… オレンジ
手芸綿

おにぎりの具 [高菜] 11-4

[材料（1個分）]

フェルト … 黄緑6cm×9cm
　　　　　　緑6cm×6cm
刺繍糸 …… 黄緑、緑、黄土色
手芸綿

おにぎり

❶2枚のうちの1枚は中央の円を切り抜く

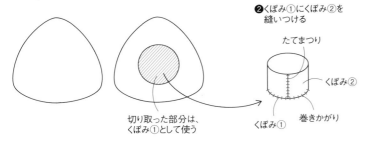

切り取った部分は、くぼみ①として使う

❷くぼみ①にくぼみ②を縫いつける

たてまつり
くぼみ②
巻きかがり
くぼみ①

❸❷のくぼみのパーツと❶のおにぎりのパーツの切り抜いた部分を縫い合わせる

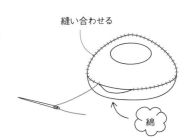

巻きかがり
おにぎり
くぼみ

❹綿を詰めながら、もう1枚のおにぎりを重ねて、縫い合わせる

縫い合わせる
綿

❺海苔に面ファスナーを縫いつける

面ファスナー（ループ）　海苔　面ファスナー（フック）

うめぼし

❶具①の周囲をなみ縫いし、中央に綿を置いて、糸を引いて絞る

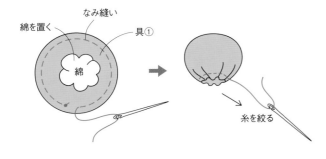

綿を置く　なみ縫い　具①　綿
糸を絞る

❷とじ口から針を入れて、目と口の刺繍をする

上から見たところ

刺繍糸（黒）の2本取りでサテンSt.
刺繍糸（黒）の1本取りでストレートSt.

具①
具②

❸とじ口にかぶせて具②を縫いつける

鮭

❶具①にランダムに具③を縫いつける

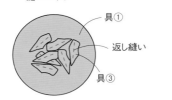

具①
返し縫い
具③

❷うめぼしと同様に作る

高菜

❶具①にランダムに具③を縫いつける

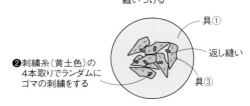

具①
返し縫い
具③

❷刺繍糸（黄土色）の4本取りでランダムにゴマの刺繍をする

❸うめぼしと同様に作る

11 お弁当セット P30

ハンバーグ 11-5

[材料（1個分）]

フェルト … 茶色6.5cm×10cm
　　　　　　赤3cm×5cm

刺繍糸 …… 茶色、赤
手芸綿

11 お弁当セット P30
枝豆＆ピック（ピンク） 11-6a

[材料（1個分）]

フェルト … 黄緑5cm×10cm
　　　　　　ピンク2cm×4cm

刺繍糸 …… 黄緑、ピンク
手芸綿

11 お弁当セット P30
枝豆＆ピック（黄色） 11-6b

[材料（1個分）]

フェルト … 黄緑5cm×10cm
　　　　　　黄色2cm×4cm

刺繍糸 …… 黄緑、黄色
手芸綿

11 お弁当セット P30
玉子焼き 11-7

[材料（1個分）]

フェルト … 山吹色6cm×10cm
　　　　　　黄色6cm×10cm

刺繍糸 …… 山吹色
手芸綿

11 お弁当セット P30
にんじん 11-8

[材料（1個分）]

フェルト … オレンジ
　　　　　　4.5cm×12cm

刺繍糸 …… オレンジ、
　　　　　　クリーム色

キルト芯

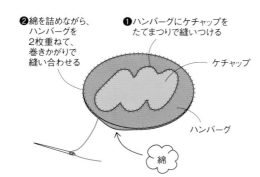

ハンバーグ

❷綿を詰めながら、
ハンバーグを
2枚重ねて、
巻きかがりで
縫い合わせる

❶ハンバーグにケチャップを
たてまつりで縫いつける

ケチャップ

ハンバーグ

綿

枝豆&ピック

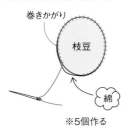

❶枝豆を2枚重ねて、
綿を詰めながら縫い合わせる

巻きかがり

枝豆

綿

※5個作る

❷ピックを2枚重ねて、
縫い合わせる

巻きかがり

ピック

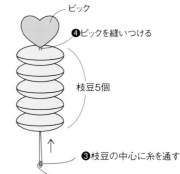

ピック

❹ピックを縫いつける

枝豆5個

❸枝豆の中心に糸を通す

玉子焼き

❶山吹色の断面2枚に
5カ所切り込みを入れる

断面

❷断面（山吹色）と断面（黄色）を
縫い合わせる

断面
（山吹色）

断面
（黄色）

※もう1枚作る

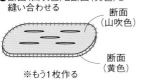

❸側面を縫いつける

断面

巻きかがり

たてまつり

綿

❸綿を詰めながら、
もう1枚の断面を
縫いつける

断面

にんじん

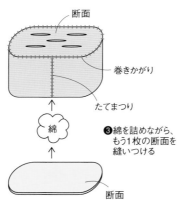

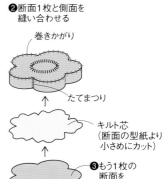

断面

❶断面2枚に刺繍糸
（クリーム色）2本取り
でストレートSt.する

❷断面1枚と側面を
縫い合わせる

巻きかがり

たてまつり

キルト芯
（断面の型紙より
小さめにカット）

❸もう1枚の
断面を
巻きかがりで
縫いつける

断面

11 お弁当セット　P30

たこさんウインナー
`11-9`

[材料（1個分）]

フェルト ···· 赤4.5cm×6cm
　　　　　　 オレンジ4cm×9cm
　　　　　　 たまご色1cm×1cm
刺繍糸 ······· 赤、オレンジ、黒、たまご色
手芸綿

ブロッコリー
`11-10`

[材料（1個分）]

フェルト ···· 緑8cm×8cm
　　　　　　 黄緑2cm×13cm
刺繍糸 ······· 緑、黄緑
手芸綿

たこさんウインナー

❶外側に、顔と足を作る

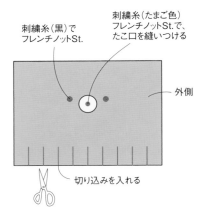

刺繍糸（黒）で
フレンチノットSt.

刺繍糸（たまご色）
フレンチノットSt.で、
たこ口を縫いつける

外側

切り込みを入れる

綿
❹綿を入れる

❷両端を
たてまつりで
縫い合わせる

内側

❸断面を巻きかがりで
縫いつける

❺内側に、外側を巻き、
　上部を引き絞る

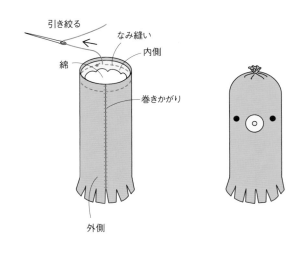

引き絞る

なみ縫い

内側

綿

巻きかがり

外側

ブロッコリー

❶P82のブロッコリーを
うめぼしと
同じように作る

❷とじ口から針を入れて、刺繍をする

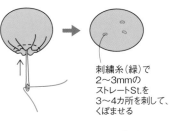

上から見たところ

刺繍糸（緑）で
2〜3mmの
ストレートSt.を
3〜4カ所を刺して、
くぼませる

※4つ作る

❸ブロッコリー4つを
　縫い合わせて房を作る

ブロッコリー

❹茎を端から巻いて縫いとめ、
　房と縫い合わせる

↓ 縫い合わせる

茎

たてまつり

11 お弁当セット　P30

コロッケ

11-11

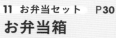

【材料（1個分）】

フェルト … 黄土色7cm×13cm
　　　　　　アイボリー 2.5cm×4cm
刺繍糸 …… 黄土色、アイボリー、赤
手芸綿

11 お弁当セット　P30

お弁当箱

11-12

【材料（1個分）】

フェルト … 赤40cm×40cm（2枚）　刺繍糸 …… 赤、水色、山吹色、
　　　　　　水色5cm×15cm　　　　　　　　　　　黒、グレー
　　　　　　山吹色0.5cm×14cm　　厚紙
　　　　　　黒7cm×7cm　　　　　　磁石
　　　　　　グレー 2cm×4cm

コロッケ

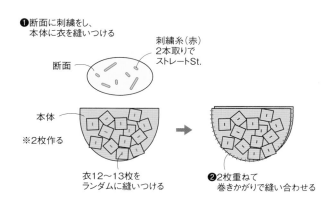

❶断面に刺繍をし、
本体に衣を縫いつける

刺繍糸（赤）
2本取りで
ストレートSt.

断面

本体

※2枚作る

衣12〜13枚を
ランダムに縫いつける

❷2枚重ねて
巻きかがりで縫い合わせる

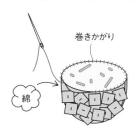

❸断面と本体を
綿を詰めながら、縫い合わせる

巻きかがり

綿

お弁当箱

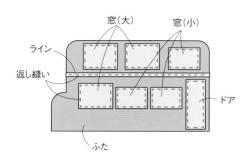

❶ふたにパーツを縫いつける

窓（大）　　　窓（小）

ライン

返し縫い

ドア

ふた

❷タイヤ1枚にホイールを縫いつけ、
もう1枚のタイヤと縫い合わせる

タイヤ　　　返し縫い

ホイール

巻きかがり

※2個作る

とめ具①

磁石

❸とめ具①2枚に磁石を
はさんで、巻きかがりで
縫い合わせる

※2個作る

❹ふた2枚の間に厚紙を重ね、
とめ具①をはさみ、縫い合わせる

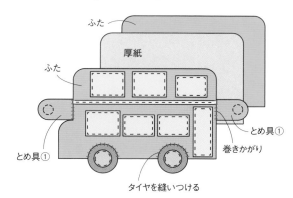

ふた

厚紙

ふた

とめ具①

とめ具①

巻きかがり

タイヤを縫いつける

❺マチ①を半分に折り、厚紙をはさみ、
底面に巻きかがりで縫いつける

底面　　　　　　　　　マチ②

とめ具②

マチ①

❼磁石をはさみ、とめ具②を
2カ所縫いつける

❻厚紙をはさみ、
もう1枚の底面を
巻きかがりで
縫いつける

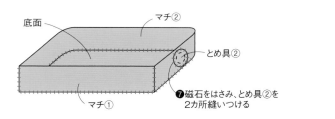

厚紙

底面

12 八百屋さんセット　P32

りんご
12-1

[材料（1個分）]

フェルト …… 赤 8.5cm × 18cm
　　　　　　 茶色 1.5cm × 5cm
　　　　　　 緑 2.5cm × 5cm
刺繍糸 …… 赤、茶色、緑
手芸綿

12 八百屋さんセット　P32

たまねぎ
12-2

[材料（1個分）]

フェルト …… 黄土色 12cm × 18cm
　　　　　　 ベージュ 2cm × 2cm
刺繍糸 …… 黄土色、ベージュ
手芸綿

りんご

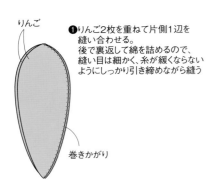

りんご

❶りんご2枚を重ねて片側1辺を
　縫い合わせる。
　後で裏返して綿を詰めるので、
　縫い目は細かく、糸が緩くならない
　ようにしっかり引き締めながら縫う

巻きかがり

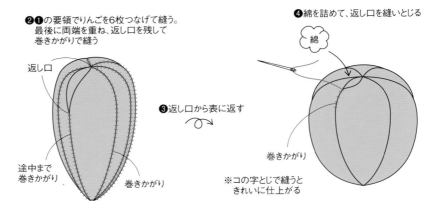

❷❶の要領でりんごを6枚つなげて縫う。
　最後に両端を重ね、返し口を残して
　巻きかがりで縫う

返し口

途中まで
巻きかがり

巻きかがり

❸返し口から表に返す

❹綿を詰めて、返し口を縫いとじる

綿

巻きかがり

※コの字とじで縫うと
　きれいに仕上がる

❺上から針を刺し、
　下部中央から出す。
　フェルトを数mmすくって
　下から上に針を出す。
　糸を引いて、底に
　くぼみを作り、
　玉どめする

❻果柄を端から
　クルクルと巻き、
　たてまつりで
　縫いとめる

果柄

❼刺繍糸（緑）で
　バックSt.

葉

❽果柄と葉を縫いつける

縫いつける

果柄

たてまつり

葉

コの字とじ

（表）

（裏）

実際の隙間はなし

たまねぎ

❶りんごと同じ手順で、
　❶〜❷まで作る

❷綿を詰めて縫いとじる
　（表に返さない）

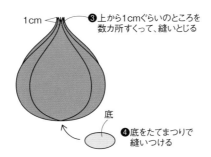

1cm

❸上から1cmぐらいのところを
　数カ所すくって、縫いとじる

底

❹底をたてまつりで
　縫いつける

みかん

[12-3]

[材料（1個分）]

フェルト …… オレンジ9cm×18cm
　　　　　　黄緑1cm×1cm
　　　　　　緑1cm×1cm
刺繍糸 …… オレンジ、黄緑、緑
手芸綿

バナナ

[12-4]

[材料（1個分）]

フェルト …… 薄黄色15cm×12cm
　　　　　　薄茶色1cm×1cm
　　　　　　こげ茶1cm×1cm
刺繍糸 …… 薄黄色、茶色、こげ茶
手芸綿

[みかん]

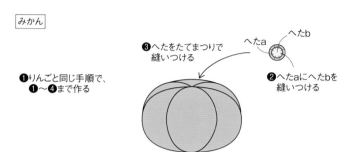

❸へたをたてまつりで
　縫いつける

へたa　　へたb

❶りんごと同じ手順で、
　❶～❹まで作る

❷へたaにへたbを
　縫いつける

[バナナ]

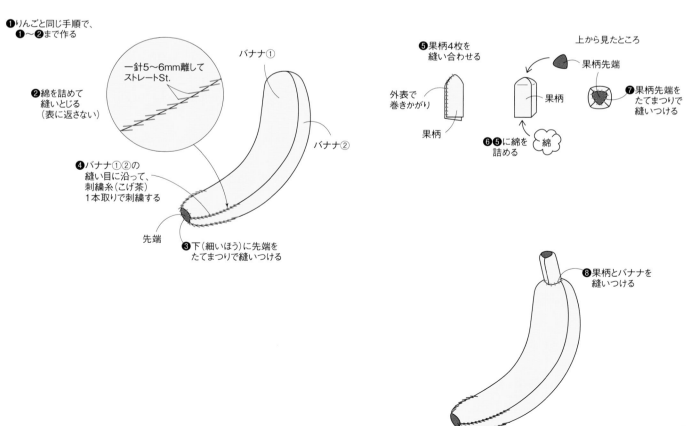

❶りんごと同じ手順で、
　❶～❷まで作る

一針5〜6mm離して
ストレートSt.

バナナ①

❷綿を詰めて
　縫いとじる
　（表に返さない）

バナナ②

❹バナナ①②の
　縫い目に沿って、
　刺繍糸（こげ茶）
　1本取りで刺繍する

先端

❸下（細いほう）に先端を
　たてまつりで縫いつける

❺果柄4枚を
　縫い合わせる

上から見たところ

果柄先端

外表で
巻きかがり

果柄

❼果柄先端を
　たてまつりで
　縫いつける

果柄

❻❺に綿を
　詰める

綿

❽果柄とバナナを
　縫いつける

12 八百屋さんセット　P32
にんじん
12-5

[材料（1個分）]

フェルト ···· オレンジ11cm×12cm
　　　　　　緑2.5cm×2.5cm
　　　　　　黄緑2cm×2cm
刺繍糸 ······ オレンジ、クリーム色、緑、黄緑
手芸綿

12 八百屋さんセット　P32
じゃがいも
12-6

[材料（1個分）]

フェルト ···· ベージュ 8cm×12cm
刺繍糸 ······· ベージュ、茶色
手芸綿

にんじん

❶にんじんに刺繍をする

にんじん

刺繍糸
（クリーム色）
2本取りで
アウトラインSt.
をする

❷にんじんを
中表にして両端を
重ね、返し縫いで
縫い合わせる

❸表に返す

❹袋口を縫い、綿を詰めて、
引き絞る

引き絞る

綿を詰める

綿

なみ縫い

❻へたを絞り口に
たてまつりで
縫いつける

❺へたaにへたbを
返し縫いで縫いつける

へたa　　へたb

アウトラインSt.

3出
2入
1出

3　5出
4入
1　2

2〜3をくり返す

じゃがいも

❶じゃがいも2枚を返し口を
数cm残して、縫い合わせる

返し口

巻きかがり

❷表に返す

❸綿を詰め、返し口を
縫いとじる

綿

巻きかがり

❹刺繍糸（茶色）で
フレンチノットSt.をし、
くぼみを作る

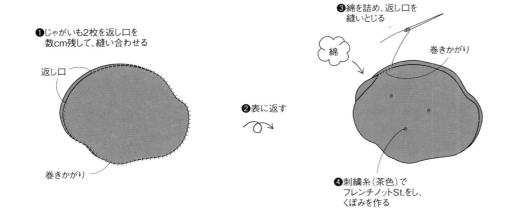

minimofuu toy の
子どもがよろこぶ
フェルトのごっこあそびとおままごと

実物大型紙

★フェルトは型紙通りに裁ちます。書き写した線の内側を切りましょう。

★（ ）内は、1点（1組）分のフェルトの色と必要枚数です。

★型紙は、複数の作品で使用するものもあります。作り方ページ（P42〜）の作品番号 01-1〜12-6 で、フェルトの色と枚数を確認してください。

★St. はステッチのことです。<>内は糸の色です。

★模様や表情の刺繍の位置・大きさは目安です。お好みでアレンジしても○Kです。

サテンＳt.〈クマ・ライオン：黒〉

サテンＳt.〈ネコ：黒〉

バックＳt.〈ネコ：こげ茶〉

ストレートＳt.〈ネコ：こげ茶〉

ぬいぐるみ［クマ・ネコ・ライオン］・ボディ

（クマ：茶色2枚）
（ネコ：白2枚）
（ライオン：山吹色2枚）

ぬいぐるみ［クマ・ネコ・ライオン］・手

（クマ：茶色4枚）
（ネコ：白4枚）
（ライオン：山吹色4枚）

ぬいぐるみ［クマ］・耳

（茶色4枚）

印付け位置

ぬいぐるみ［クマ］・内耳

（薄茶色2枚）

印付け位置

ぬいぐるみ［クマ・ネコ・ライオン］・鼻

（クマ：こげ茶1枚）
（ネコ：ピンク1枚）
（ライオン：こげ茶1枚）

ストレートＳt.＜茶色＞

ぬいぐるみ［クマ］・口元

（クマ：白1枚）

ぬいぐるみ［クマ・ネコ・ライオン］・足

（クマ：茶色4枚）
（ネコ：白4枚）
（ライオン：山吹色4枚）

バックＳt.＜黒＞

ぬいぐるみ［ライオン］・口元

（ライオン：薄黄色1枚）

ぬいぐるみ［ライオン］・たてがみ

（茶色10枚）

ぬいぐるみ［ネコ］・模様

（山吹色3枚）

ぬいぐるみ［ネコ］・耳

（白4枚）

印付け位置

ぬいぐるみ［ネコ］・内耳

（薄ピンク2枚）

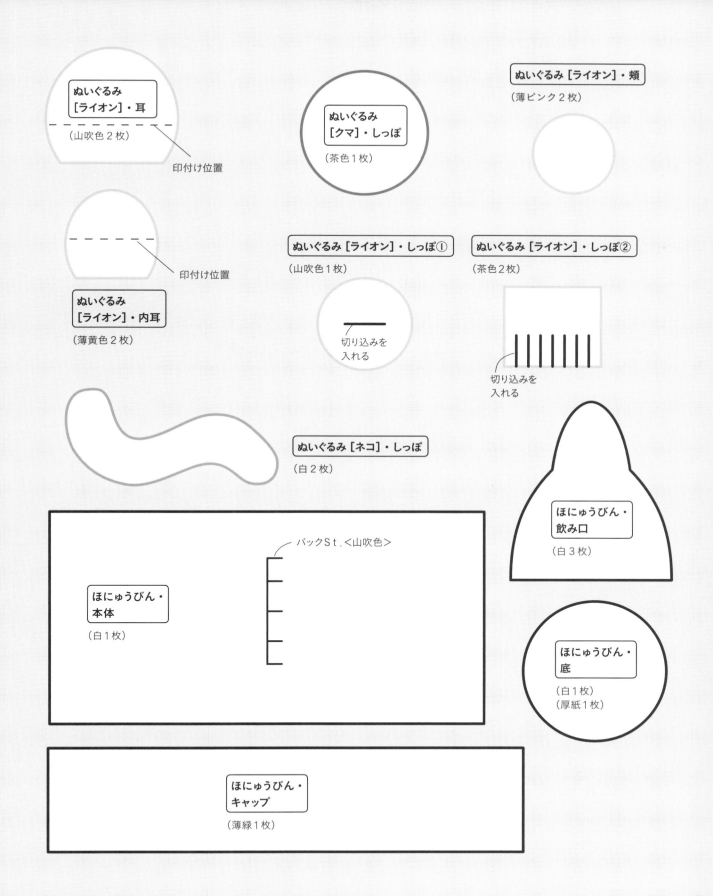

ぬいぐるみ
[ライオン]・耳

（山吹色2枚）

印付け位置

印付け位置

ぬいぐるみ
[ライオン]・内耳

（薄黄色2枚）

ぬいぐるみ
[クマ]・しっぽ

（茶色1枚）

ぬいぐるみ [ライオン]・頬

（薄ピンク2枚）

ぬいぐるみ [ライオン]・しっぽ①

（山吹色1枚）

切り込みを
入れる

ぬいぐるみ [ライオン]・しっぽ②

（茶色2枚）

切り込みを
入れる

ぬいぐるみ [ネコ]・しっぽ

（白2枚）

バックSt.＜山吹色＞

ほにゅうびん・
本体

（白1枚）

ほにゅうびん・
飲み口

（白3枚）

ほにゅうびん・
底

（白1枚）
（厚紙1枚）

ほにゅうびん・
キャップ

（薄緑1枚）

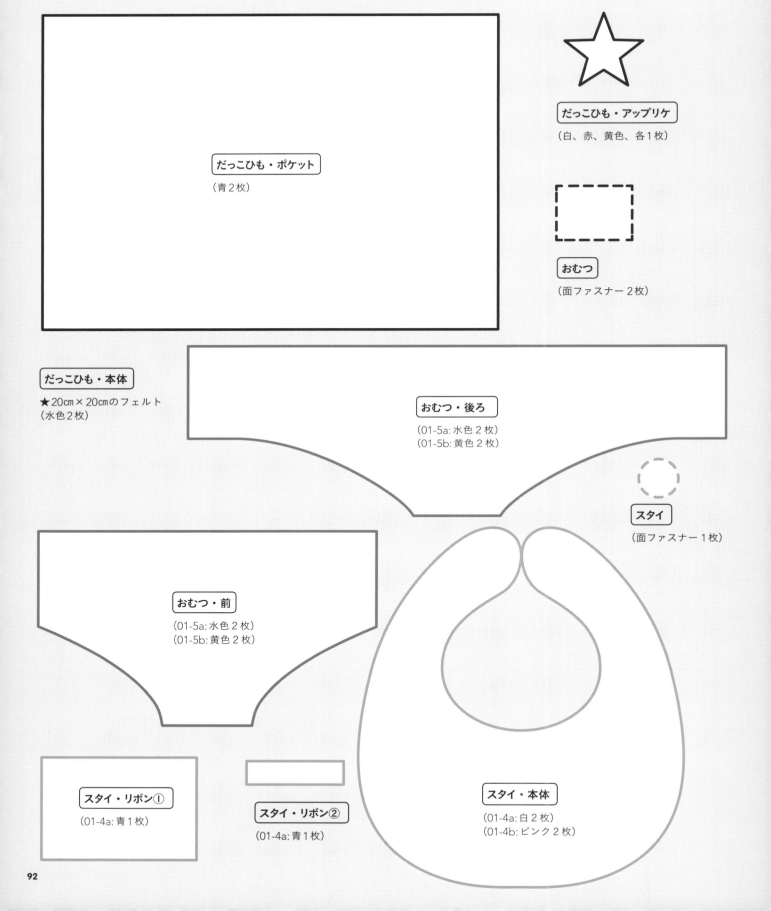

だっこひも・ポケット

（青2枚）

だっこひも・アップリケ

（白、赤、黄色、各1枚）

おむつ

（面ファスナー2枚）

だっこひも・本体

★20cm×20cmのフェルト
（水色2枚）

おむつ・後ろ

（01-5a: 水色2枚）
（01-5b: 黄色2枚）

スタイ

（面ファスナー1枚）

おむつ・前

（01-5a: 水色2枚）
（01-5b: 黄色2枚）

スタイ・リボン①

（01-4a: 青1枚）

スタイ・リボン②

（01-4a: 青1枚）

スタイ・本体

（01-4a: 白2枚）
（01-4b: ピンク2枚）

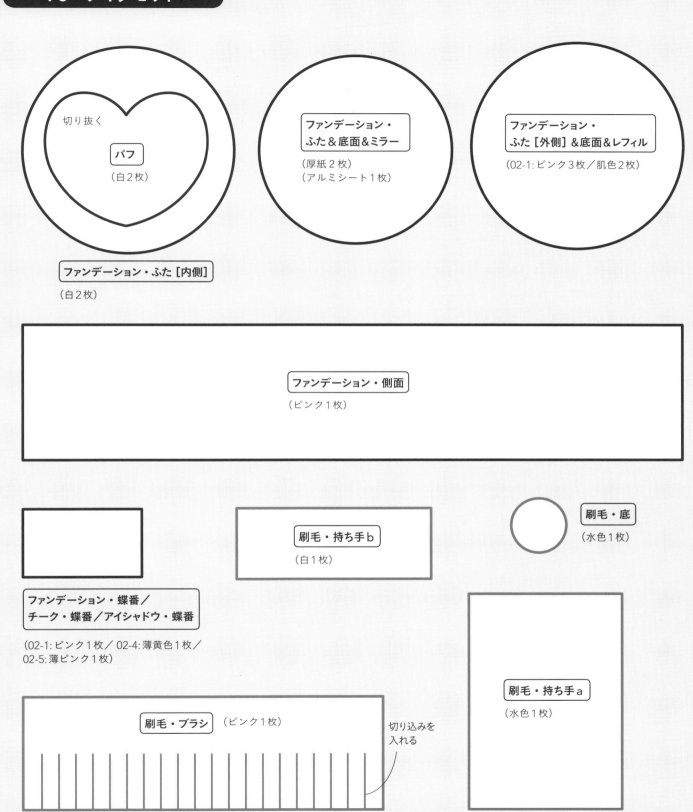

切り抜く

パフ
（白2枚）

ファンデーション・ふた［内側］
（白2枚）

ファンデーション・
ふた＆底面＆ミラー
（厚紙2枚）
（アルミシート1枚）

ファンデーション・
ふた［外側］＆底面＆レフィル
（02-1: ピンク3枚／肌色2枚）

ファンデーション・側面
（ピンク1枚）

ファンデーション・蝶番／
チーク・蝶番／アイシャドウ・蝶番
（02-1: ピンク1枚／ 02-4: 薄黄色1枚／
02-5: 薄ピンク1枚）

刷毛・持ち手b
（白1枚）

刷毛・底
（水色1枚）

刷毛・持ち手a
（水色1枚）

刷毛・ブラシ （ピンク1枚）

切り込みを
入れる

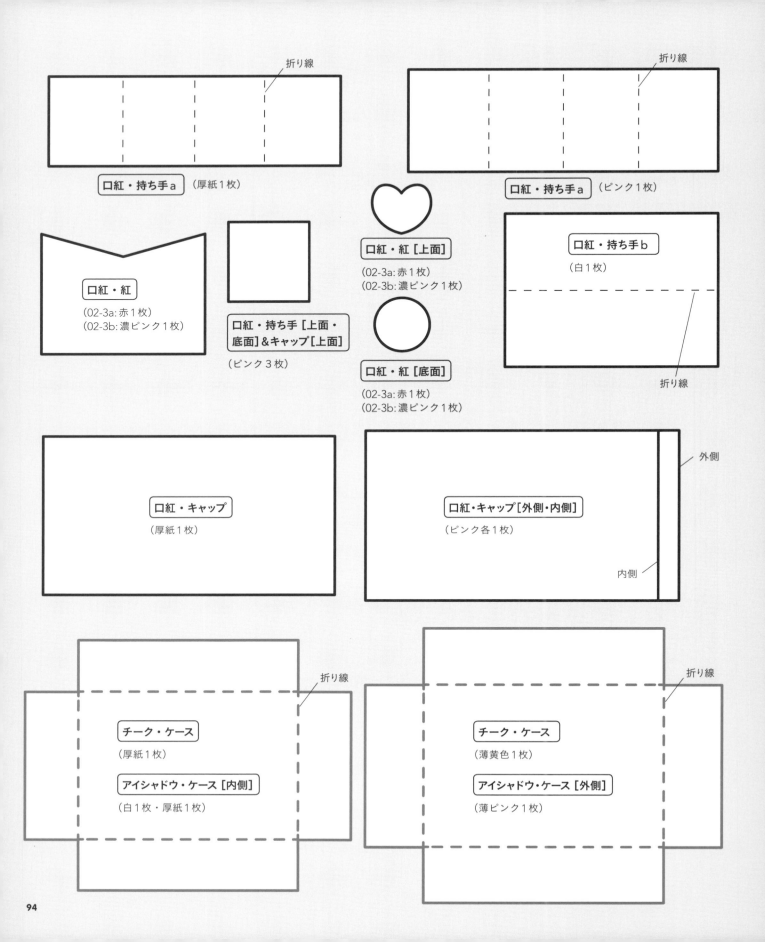

折り線

口紅・持ち手a （厚紙1枚）

折り線

口紅・持ち手a （ピンク1枚）

口紅・紅

（02-3a: 赤1枚）
（02-3b: 濃ピンク1枚）

口紅・持ち手[上面・
底面]＆キャップ[上面]

（ピンク3枚）

口紅・紅[上面]

（02-3a: 赤1枚）
（02-3b: 濃ピンク1枚）

口紅・紅[底面]

（02-3a: 赤1枚）
（02-3b: 濃ピンク1枚）

口紅・持ち手b

（白1枚）

折り線

口紅・キャップ

（厚紙1枚）

口紅・キャップ[外側・内側]

（ピンク各1枚）

外側

内側

折り線

チーク・ケース

（厚紙1枚）

アイシャドウ・ケース[内側]

（白1枚・厚紙1枚）

折り線

チーク・ケース

（薄黄色1枚）

アイシャドウ・ケース[外側]

（薄ピンク1枚）

アイシャドウ・レフィル

（白1枚）

折り線

アイシャドウ・レフィル［上面］

（白1枚）

アイシャドウ②

（02-5a: 薄ピンク1枚）
（02-5b: 濃ピンク1枚）

アイシャドウ①

（02-5a: 濃ピンク1枚、黄色1枚、
　　　　青1枚、緑1枚）
（02-5b: 薄ピンク1枚、
　　　　ほんのりピンク1枚、
　　　　濃紫1枚、薄紫1枚）

アイシャドウ・レフィル［底面］

（厚紙1枚）

切り抜く

チーク②

（ピンク1枚）

チーク③

（薄ピンク1枚、濃ピンク1枚）

チーク・ふた［内側］

（白2枚）

アイシャドウ・ふた［内側］

（白2枚）

チーク①＆ふた［外側］

（白1枚、薄黄色1枚）
（アルミシート1枚、厚紙1枚）

アイシャドウ・ふた［外側］・底面

（薄ピンク1枚）
（アルミシート1枚、厚紙2枚）

マニキュア・本体

（02-8a: 水色4枚）
（02-8b: ピンク4枚）
（02-8c: 黄色4枚）

チップ・持ち手

（水色1枚）

マニキュア・本体

（厚紙2枚）

チップ・先

（白2枚）

アイブロウペンシル・持ち手b

（白1枚）

マニキュア・側面

（02-8a: 水色2枚）
（02-8b: ピンク2枚）
（02-8c: 黄色2枚）

マニキュア・刷毛

（02-8a&02-8b: 黒1枚）
（02-8c: 紫1枚）

切り込みを
入れる

アイブロウペンシル・持ち手a

（薄ピンク1枚）

マニキュア・底面

（02-8a: 水色2枚）
（02-8b: ピンク2枚）
（02-8c: 黄色2枚）

マニキュア・底面

（厚紙1枚）

アイブロウペンシル・芯

（茶色1枚）

アイシャドウ・ふた

（厚紙1枚）

P11　お医者さんセット

注射器・外筒a［外側］

（03-1a: 白1枚）（03-1b: 薄ピンク1枚）

ストレートＳt.＜黒＞

注射器・外筒a

（厚紙1枚）

注射器・外筒a［内側］

（03-1a: 白1枚）
（03-1b: 薄ピンク1枚）

注射器・押し子a

（03-1a: 青1枚）
（03-1b: 濃ピンク1枚）

注射器・筒先　（03-1a: 黄色1枚）（03-1b: 濃ピンク1枚）

注射器・針

（03-1a: 青1枚）
（03-1b: 水色1枚）

巻く方向

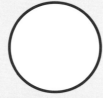

注射器・外筒b

（03-1a: 白2枚）
（03-1b: 薄ピンク2枚）

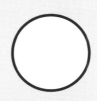

注射器・押し子b

（03-1a: 青1枚）
（03-1b: 濃ピンク1枚）

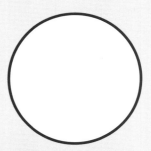

注射器・押し子c

（03-1a: 青2枚）
（03-1b: 濃ピンク2枚）

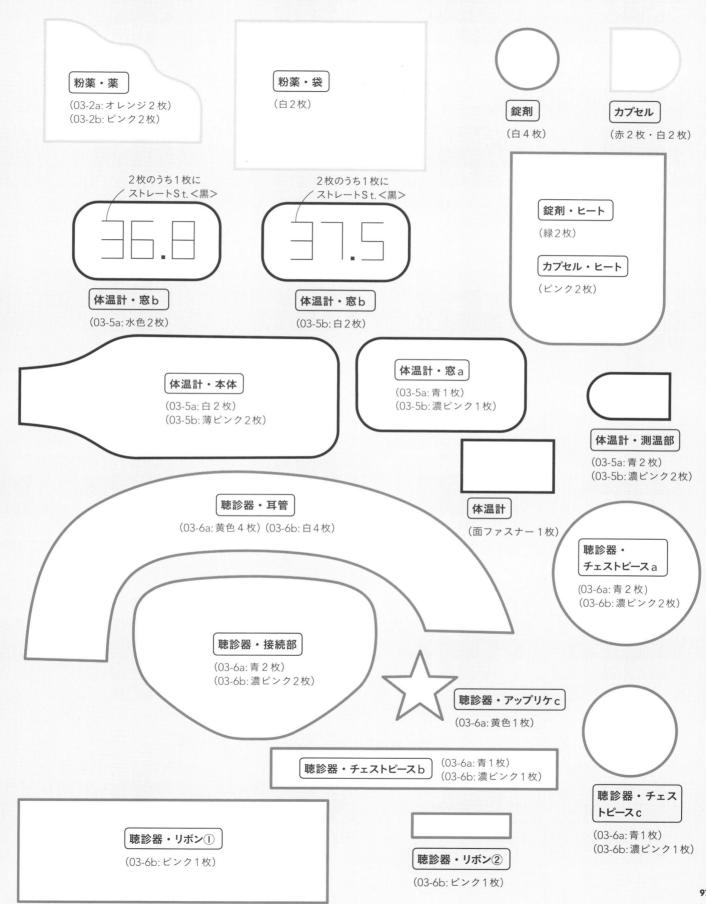

粉薬・薬
（03-2a: オレンジ 2 枚）
（03-2b: ピンク 2 枚）

粉薬・袋
（白 2 枚）

錠剤
（白 4 枚）

カプセル
（赤 2 枚・白 2 枚）

錠剤・ヒート
（緑 2 枚）

カプセル・ヒート
（ピンク 2 枚）

2 枚のうち 1 枚に
ストレート S t.＜黒＞

2 枚のうち 1 枚に
ストレート S t.＜黒＞

体温計・窓 b
（03-5a: 水色 2 枚）

体温計・窓 b
（03-5b: 白 2 枚）

体温計・本体
（03-5a: 白 2 枚）
（03-5b: 薄ピンク 2 枚）

体温計・窓 a
（03-5a: 青 1 枚）
（03-5b: 濃ピンク 1 枚）

体温計・測温部
（03-5a: 青 2 枚）
（03-5b: 濃ピンク 2 枚）

聴診器・耳管
（03-6a: 黄色 4 枚） （03-6b: 白 4 枚）

体温計
（面ファスナー 1 枚）

聴診器・
チェストピース a
（03-6a: 青 2 枚）
（03-6b: 濃ピンク 2 枚）

聴診器・接続部
（03-6a: 青 2 枚）
（03-6b: 濃ピンク 2 枚）

聴診器・アップリケ c
（03-6a: 黄色 1 枚）

聴診器・チェストピース b
（03-6a: 青 1 枚）
（03-6b: 濃ピンク 1 枚）

聴診器・チェス
トピース c
（03-6a: 青 1 枚）
（03-6b: 濃ピンク 1 枚）

聴診器・リボン①
（03-6b: ピンク 1 枚）

聴診器・リボン②
（03-6b: ピンク 1 枚）

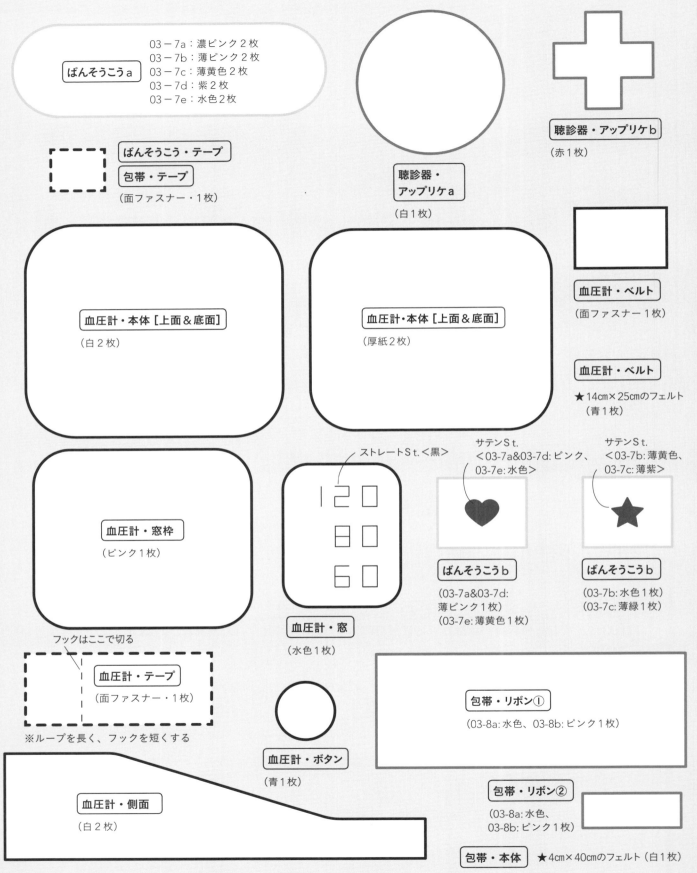

ばんそうこうa
03－7a：濃ピンク2枚
03－7b：薄ピンク2枚
03－7c：薄黄色2枚
03－7d：紫2枚
03－7e：水色2枚

聴診器・アップリケa
（白1枚）

聴診器・アップリケb
（赤1枚）

ばんそうこう・テープ
包帯・テープ
（面ファスナー・1枚）

血圧計・ベルト
（面ファスナー1枚）

血圧計・本体［上面＆底面］
（白2枚）

血圧計・本体［上面＆底面］
（厚紙2枚）

血圧計・ベルト
★14cm×25cmのフェルト
（青1枚）

血圧計・窓枠
（ピンク1枚）

ストレートSt.＜黒＞

血圧計・窓
（水色1枚）

サテンSt.
＜03-7a&03-7d：ピンク、
03-7e：水色＞

ばんそうこうb
（03-7a&03-7d：
薄ピンク1枚）
（03-7e：薄黄色1枚）

サテンSt.
＜03-7b：薄黄色、
03-7c：薄紫＞

ばんそうこうb
（03-7b：水色1枚）
（03-7c：薄緑1枚）

フックはここで切る

血圧計・テープ
（面ファスナー・1枚）

※ループを長く、フックを短くする

血圧計・ボタン
（青1枚）

包帯・リボン①
（03-8a：水色、03-8b：ピンク1枚）

包帯・リボン②
（03-8a：水色、
03-8b：ピンク1枚）

血圧計・側面
（白2枚）

包帯・本体　★4cm×40cmのフェルト（白1枚）

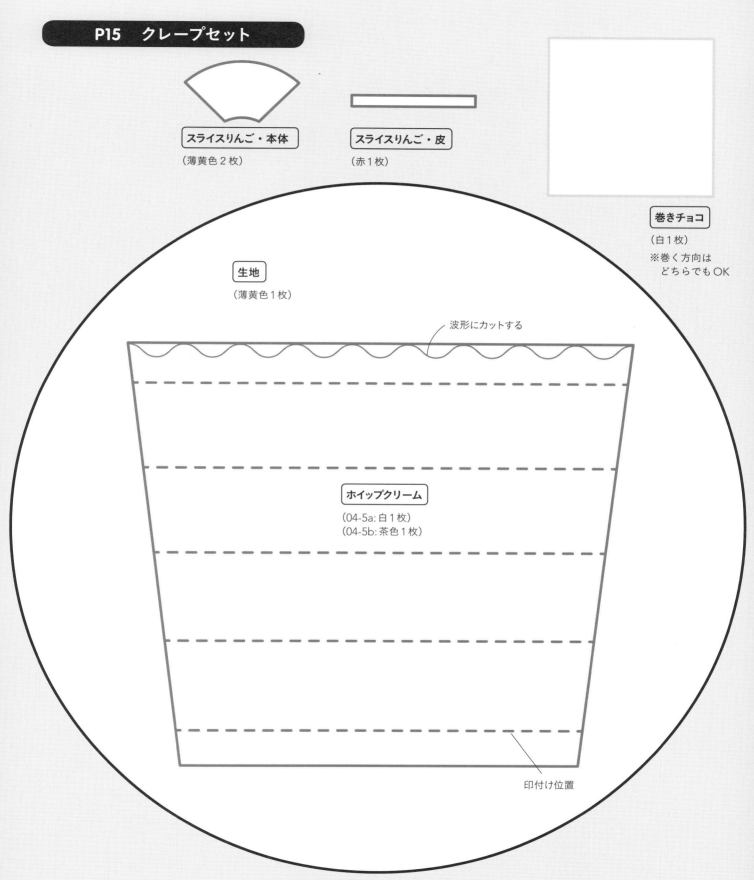

スライスりんご・本体
（薄黄色２枚）

スライスりんご・皮
（赤１枚）

巻きチョコ
（白１枚）

※巻く方向は
　どちらでもOK

生地
（薄黄色１枚）

波形にカットする

ホイップクリーム
（04-5a：白１枚）
（04-5b：茶色１枚）

印付け位置

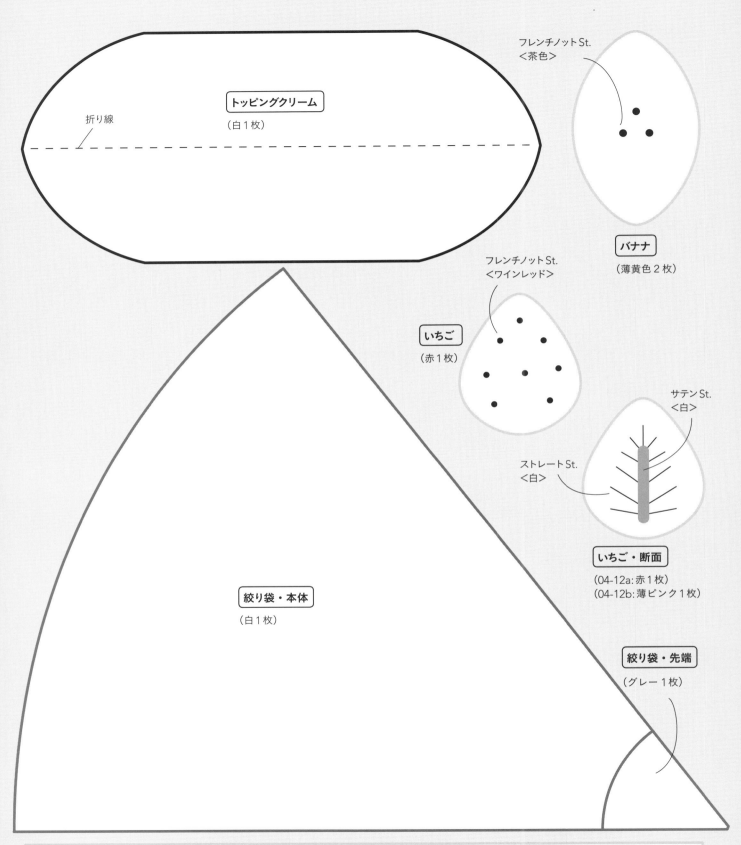

トッピングクリーム
（白1枚）

折り線

フレンチノット St.
＜茶色＞

バナナ
（薄黄色2枚）

フレンチノット St.
＜ワインレッド＞

いちご
（赤1枚）

サテン St.
＜白＞

ストレート St.
＜白＞

いちご・断面
（04-12a: 赤1枚）
（04-12b: 薄ピンク1枚）

絞り袋・本体
（白1枚）

絞り袋・先端
（グレー1枚）

アイス・ひだ　（04-13a: 白2枚）　（04-13c: 薄ピンク2枚）
　　　　　　　（04-13b: 水色2枚）（04-13d: 薄紫2枚）

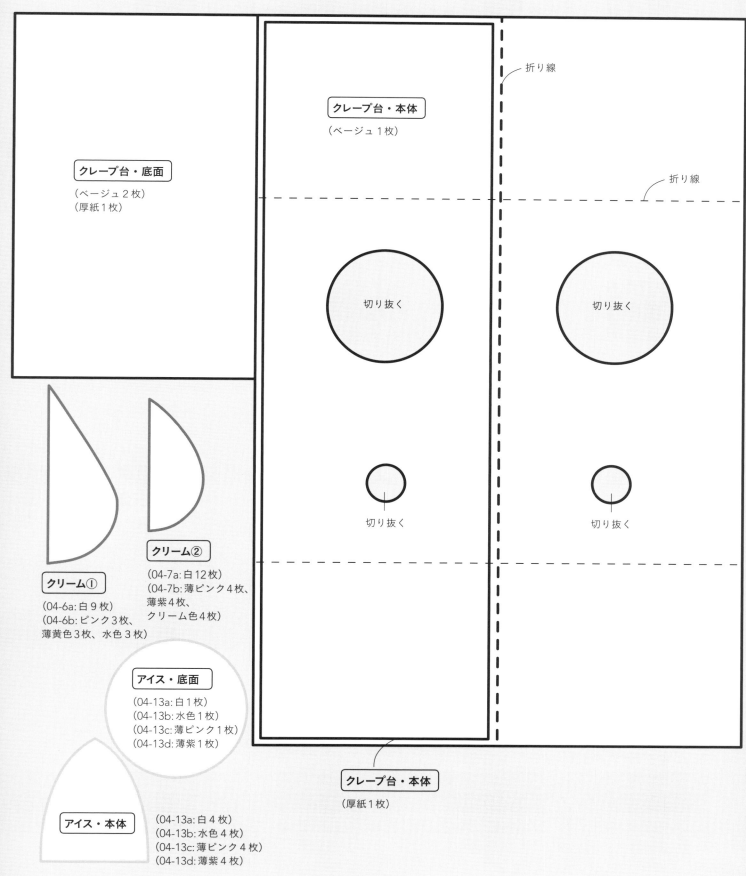

クレープ台・底面

（ベージュ2枚）
（厚紙1枚）

クレープ台・本体

（ベージュ1枚）

折り線

折り線

切り抜く

切り抜く

切り抜く

切り抜く

クリーム①

（04-6a: 白9枚）
（04-6b: ピンク3枚、
薄黄色3枚、水色3枚）

クリーム②

（04-7a: 白12枚）
（04-7b: 薄ピンク4枚、
薄紫4枚、
クリーム色4枚）

アイス・底面

（04-13a: 白1枚）
（04-13b: 水色1枚）
（04-13c: 薄ピンク1枚）
（04-13d: 薄紫1枚）

アイス・本体

（04-13a: 白4枚）
（04-13b: 水色4枚）
（04-13c: 薄ピンク4枚）
（04-13d: 薄紫4枚）

クレープ台・本体

（厚紙1枚）

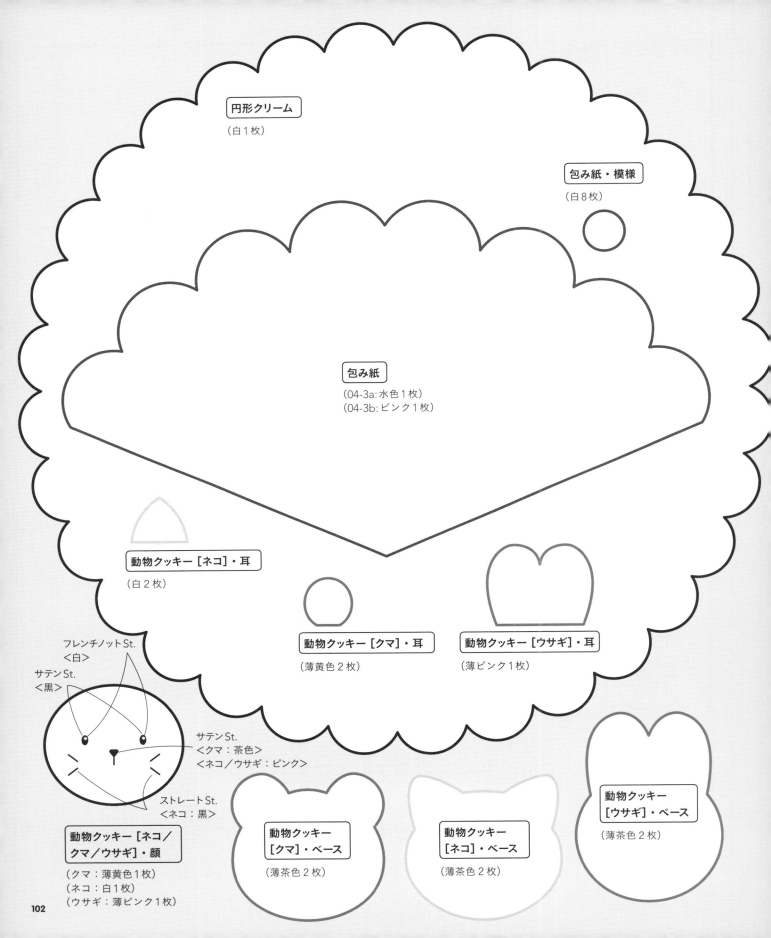

円形クリーム
（白1枚）

包み紙・模様
（白8枚）

包み紙
（04-3a：水色1枚）
（04-3b：ピンク1枚）

動物クッキー［ネコ］・耳
（白2枚）

動物クッキー［クマ］・耳
（薄黄色2枚）

動物クッキー［ウサギ］・耳
（薄ピンク1枚）

フレンチノット St.
＜白＞

サテン St.
＜黒＞

サテン St.
＜クマ：茶色＞
＜ネコ／ウサギ：ピンク＞

ストレート St.
＜ネコ：黒＞

動物クッキー［ネコ／
クマ／ウサギ］・顔
（クマ：薄黄色1枚）
（ネコ：白1枚）
（ウサギ：薄ピンク1枚）

動物クッキー
［クマ］・ベース
（薄茶色2枚）

動物クッキー
［ネコ］・ベース
（薄茶色2枚）

動物クッキー
［ウサギ］・ベース
（薄茶色2枚）

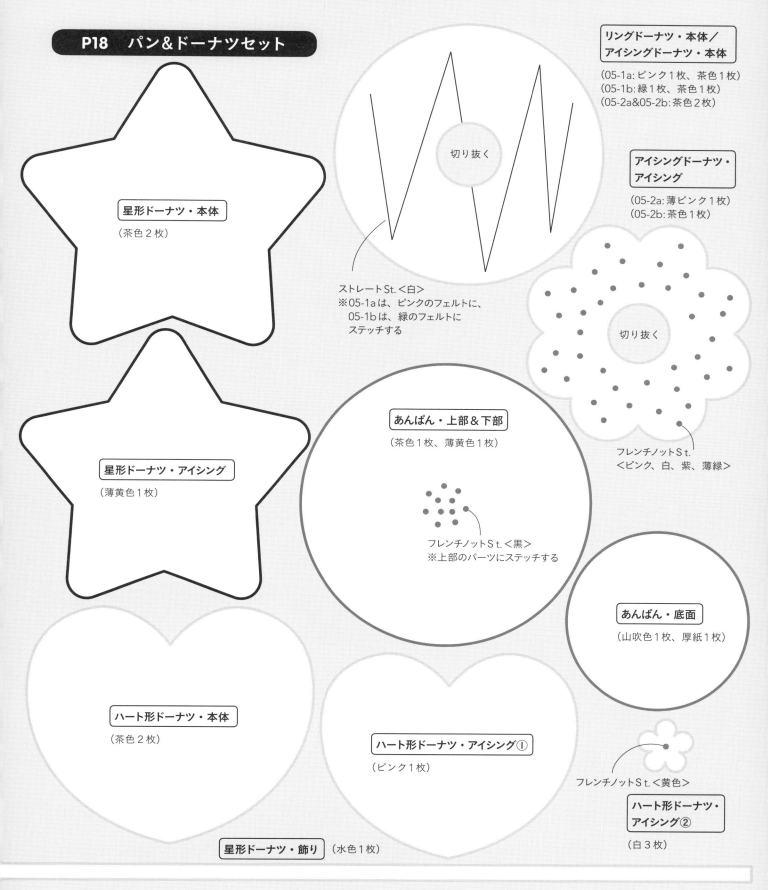

星形ドーナツ・本体

（茶色2枚）

リングドーナツ・本体／
アイシングドーナツ・本体

（05-1a: ピンク1枚、茶色1枚）
（05-1b: 緑1枚、茶色1枚）
（05-2a＆05-2b: 茶色2枚）

切り抜く

アイシングドーナツ・
アイシング

（05-2a: 薄ピンク1枚）
（05-2b: 茶色1枚）

ストレートSt.＜白＞
※05-1aは、ピンクのフェルトに、
　05-1bは、緑のフェルトに
　ステッチする

切り抜く

フレンチノットSt.
＜ピンク、白、紫、薄緑＞

星形ドーナツ・アイシング

（薄黄色1枚）

あんぱん・上部＆下部

（茶色1枚、薄黄色1枚）

フレンチノットSt.＜黒＞
※上部のパーツにステッチする

あんぱん・底面

（山吹色1枚、厚紙1枚）

ハート形ドーナツ・本体

（茶色2枚）

ハート形ドーナツ・アイシング①

（ピンク1枚）

フレンチノットSt.＜黄色＞

ハート形ドーナツ・
アイシング②

（白3枚）

星形ドーナツ・飾り　（水色1枚）

パーツAは
切り抜く

パーツAは
切り抜く

パーツAは
切り抜く

フランスパン・本体 （パーツA・Cとして：黄土色2枚、
パーツBとして：たまご色1枚）

**チョココロネ・
クリーム**
（たまご色1枚）

返し縫い
〈薄黄色〉

チョココロネ・チョコクリーム
（こげ茶1枚）

クリームパン・アーモンド
（薄黄色4枚）

ストレートSt.〈茶色〉

メロンパン・表面
（たまご色1枚）

メロンパン・底面
（たまご色1枚）
（厚紙1枚）

フランスパン・焼き色
（茶色3枚）

バックSt.
〈茶色〉

クリームパン・クリーム
（たまご色4枚）

**チョココロネ・
本体** （茶色2枚）

クリームパン・本体
（黄土色2枚）

2枚のうち
1枚切り抜く

握りのネタ［マグロ・サーモン・鯛］・上面＆下面

（06-2：赤2枚、06-3：オレンジ2枚、06-4：アイボリー2枚）

握りのネタ［エビ］・尾

（赤2枚）

握り［玉子］・上面＆下面

（黄色2枚）※上面のパーツにステッチする

返し縫い〈茶色〉

返し縫い
〈06-2：赤、06-3＆06-4：白〉

※上面のパーツに
ステッチする

握りのネタ［エビ］・上面＆下面

（白2枚）

バックSt.

握り［玉子］・側面①　（黄色2枚）

※上面のパーツに模様①②と尾を
縫いつけてからバックSt.〈赤〉

握りのネタ
［エビ］模様①

（赤2枚）

握りのネタ
［エビ］模様②

（赤1枚）

握り［玉子］・側面②

（黄色2枚）

切り込みを入れる

細巻き・シャリ

（白2枚）

細巻き
［かっぱ］・
皮

（緑1枚）

細巻き・海苔

（黒1枚）

細巻き［鉄火］・マチ

（赤1枚）

細巻き
［かっぱ］・
マチ

（黄緑1枚）

細巻き［かっぱ］・
上面＆下面

（黄緑2枚）

細巻き［鉄火］・
上面＆下面

（赤2枚）

握りのネタ［鯛］・
模様①

（ピンク1枚）

握りのネタ［鯛］・
模様②

（ピンク1枚）

握りのネタ［鯛］・
模様③

（ピンク1枚）

握りのシャリ・側面／握り[玉子]・海苔 （白1枚／黒1枚）

軍艦巻き
[ウニ]・大葉
（緑1枚）

握りと軍艦巻きのシャリ・
上面＆底面
（白2枚）

※玉子・エビ・マグロ・サーモン・
鯛・ウニ共通

握りのシャリ・
わさび
（薄緑1枚）

握りのシャリ・
わさび[花形]
（薄緑1枚）

茶碗蒸し・ふた
（白2枚）

茶碗蒸し・模様
（水色4枚、紺4枚）

茶碗蒸し・底面
（白2枚）

茶碗蒸し・ふた
（厚紙1枚）

茶碗蒸し・底面
（厚紙1枚）

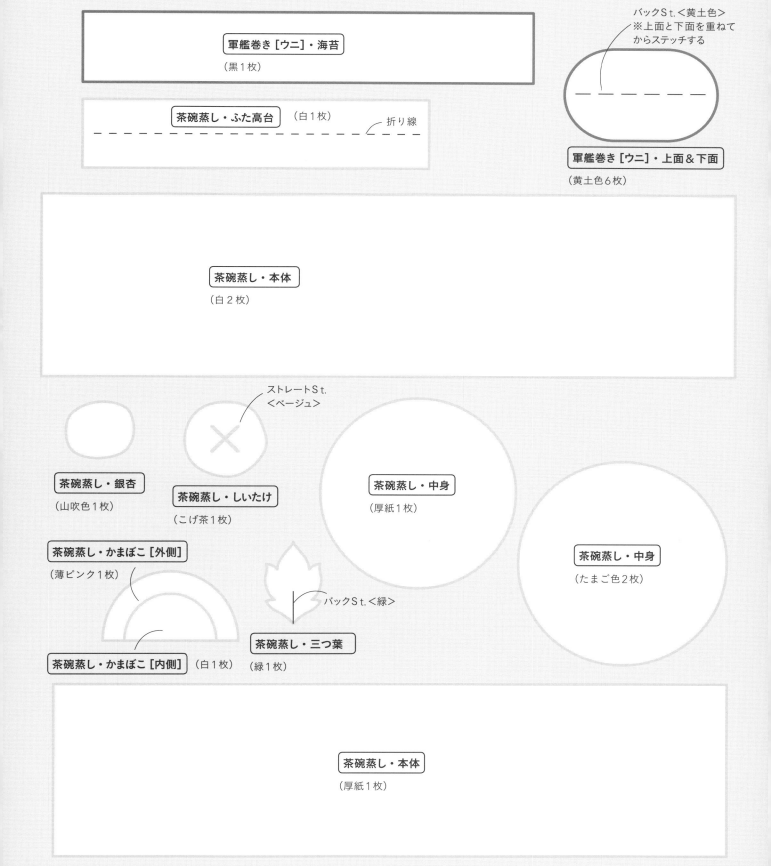

軍艦巻き［ウニ］・海苔

（黒1枚）

茶碗蒸し・ふた高台 （白1枚）

折り線

バックSt.＜黄土色＞
※上面と下面を重ねて
からステッチする

軍艦巻き［ウニ］・上面＆下面

（黄土色6枚）

茶碗蒸し・本体

（白2枚）

ストレートSt.
＜ベージュ＞

茶碗蒸し・銀杏

（山吹色1枚）

茶碗蒸し・しいたけ

（こげ茶1枚）

茶碗蒸し・中身

（厚紙1枚）

茶碗蒸し・中身

（たまご色2枚）

茶碗蒸し・かまぼこ［外側］

（薄ピンク1枚）

バックSt.＜緑＞

茶碗蒸し・三つ葉

（緑1枚）

茶碗蒸し・かまぼこ［内側］ （白1枚）

茶碗蒸し・本体

（厚紙1枚）

ショートケーキ・断面①／チョコレートケーキ・断面①

（07-1:白1枚／07-2:ベージュ1枚）

ショートケーキ・断面②／チョコレートケーキ・断面②　（07-1:たまご色2枚／07-2:こげ茶2枚）

ショートケーキ・上面／
チョコレートケーキ・上面

（07-1:白1枚／07-2:ベージュ1枚）

ショートケーキ・底面／
チョコレートケーキ・底面

（白1枚／ベージュ1枚）

ショートケーキ・いちご／
ミルフィーユ・いちご／
チョコレートケーキ・
生クリーム①

（07-1、07-3:赤1枚）
（07-2:ベージュ1枚）

ミルフィーユ・
生クリーム③

（白10〜12枚）
※2個分

ストレートSt.
＜白＞

ショートケーキ・
断面いちご①

（赤4枚）

ショートケーキ／チョコ
ケーキ［メラミンスポンジ
カット用］

ショートケーキ・
断面いちご②

（ピンク4枚）

ショートケーキ・
生クリーム②／
チョコレートケーキ
・生クリーム②

（07-1:白10〜12枚／
07-2:ベージュ10〜12枚）

※2個分

ショートケーキ・側面／
チョコレートケーキ・側面

（07-1:白1枚／07-2:ベージュ1枚）

ショートケーキ・上面クリーム

（白1枚）

レアチーズケーキ・側面
（アイボリー2枚）

折り線

レアチーズケーキ
[メラミンスポンジカット用]

ミルフィーユ・カスタード
（たまご色4枚）

レアチーズケーキ上面／
レアチーズケーキ底面
（アイボリー2枚／黄土色3枚）

ミルフィーユ・パイ
（黄土色3枚）

折り線

ミルフィーユ・
いちごスライス
（赤8枚）

レアチーズケーキ・
生クリーム③
（白10〜12枚）
※2個分

モンブラン・中心部
（たまご色1枚）

レアチーズケーキ・
半いちご外側
（赤1枚）

ストレートSt.
<白>

レアチーズケーキ・
半いちご芯
（薄ピンク1枚）

レアチーズケーキ・
半いちご断面
（赤1枚）

レアチーズケーキ・
半いちご底
（赤1枚）

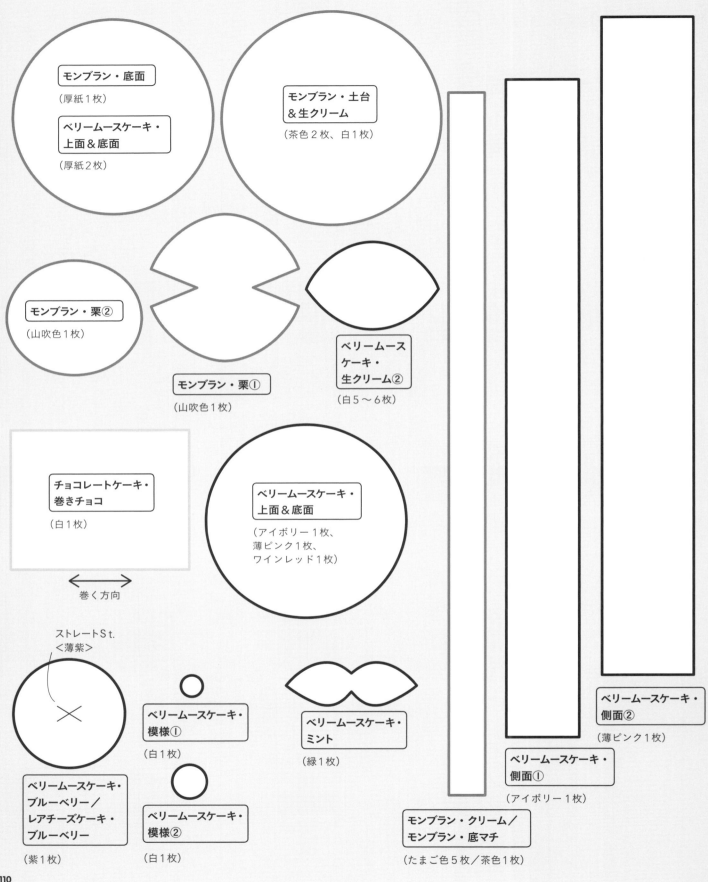

モンブラン・底面
（厚紙1枚）

ベリームースケーキ・
上面＆底面
（厚紙2枚）

モンブラン・土台
＆生クリーム
（茶色2枚、白1枚）

モンブラン・栗②
（山吹色1枚）

モンブラン・栗①
（山吹色1枚）

ベリームース
ケーキ・
生クリーム②
（白5〜6枚）

チョコレートケーキ・
巻きチョコ
（白1枚）
← →
巻く方向

ベリームースケーキ・
上面＆底面
（アイボリー1枚、
薄ピンク1枚、
ワインレッド1枚）

ストレートSt.
＜薄紫＞

ベリームースケーキ・
ブルーベリー／
レアチーズケーキ・
ブルーベリー
（紫1枚）

ベリームースケーキ・
模様①
（白1枚）

ベリームースケーキ・
模様②
（白1枚）

ベリームースケーキ・
ミント
（緑1枚）

ベリームースケーキ・
側面②
（薄ピンク1枚）

ベリームースケーキ・
側面①
（アイボリー1枚）

モンブラン・クリーム／
モンブラン・底マチ
（たまご色5枚／茶色1枚）

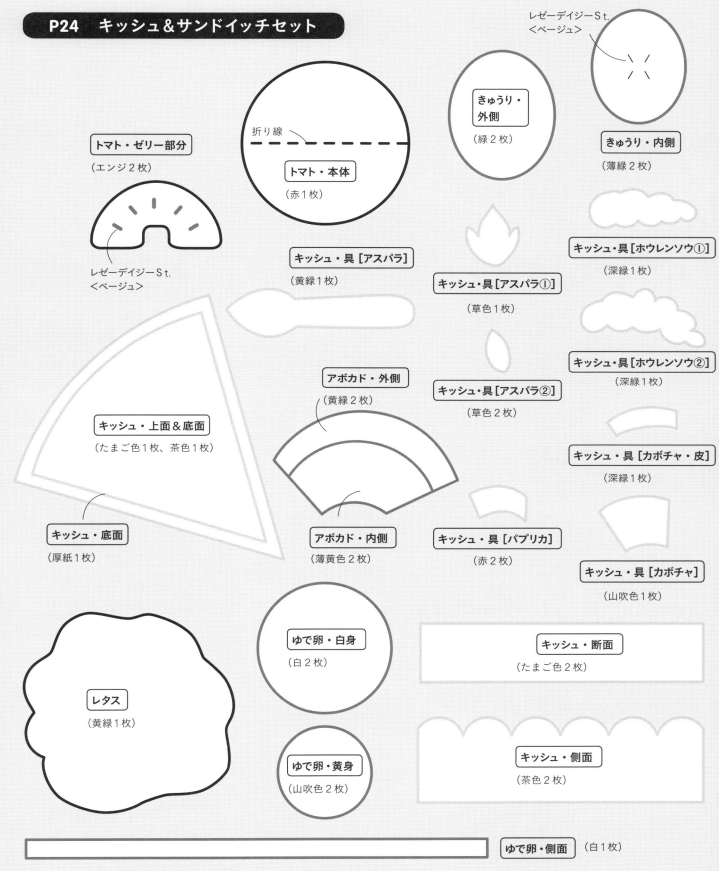

レゼーデイジーSt.
＜ベージュ＞

きゅうり・外側
（緑2枚）

きゅうり・内側
（薄緑2枚）

トマト・ゼリー部分
（エンジ2枚）

折り線

トマト・本体
（赤1枚）

レゼーデイジーSt.
＜ベージュ＞

キッシュ・具［アスパラ］
（黄緑1枚）

キッシュ・具［アスパラ①］
（草色1枚）

キッシュ・具［ホウレンソウ①］
（深緑1枚）

キッシュ・具［ホウレンソウ②］
（深緑1枚）

アボカド・外側
（黄緑2枚）

キッシュ・上面＆底面
（たまご色1枚、茶色1枚）

キッシュ・具［アスパラ②］
（草色2枚）

キッシュ・具［カボチャ・皮］
（深緑1枚）

キッシュ・底面
（厚紙1枚）

アボカド・内側
（薄黄色2枚）

キッシュ・具［パプリカ］
（赤2枚）

キッシュ・具［カボチャ］
（山吹色1枚）

ゆで卵・白身
（白2枚）

キッシュ・断面
（たまご色2枚）

レタス
（黄緑1枚）

キッシュ・側面
（茶色2枚）

ゆで卵・黄身
（山吹色2枚）

ゆで卵・側面　（白1枚）

111

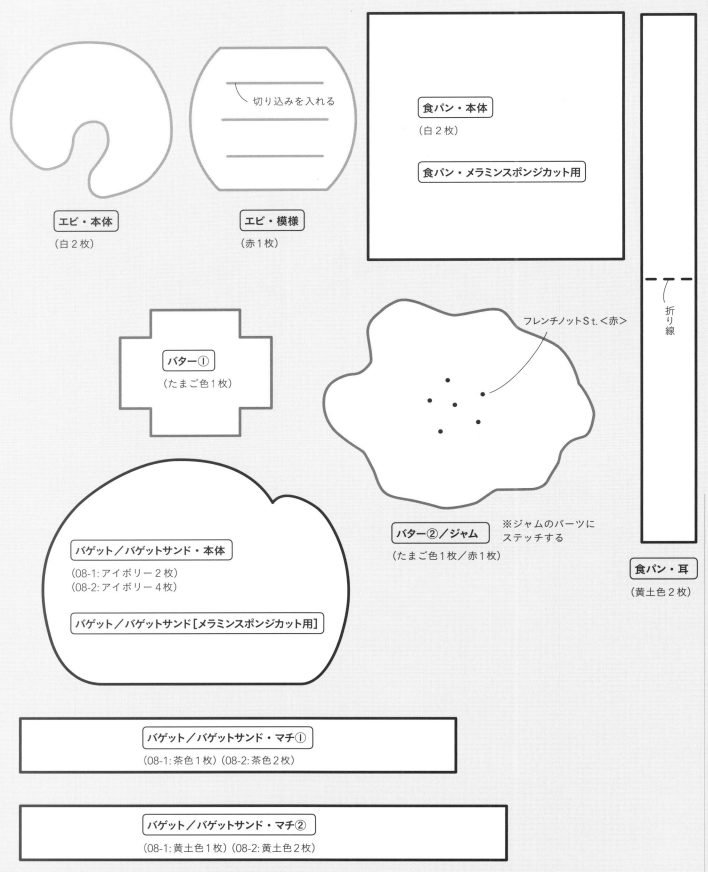

エビ・本体
（白2枚）

エビ・模様
（赤1枚）

切り込みを入れる

食パン・本体
（白2枚）

食パン・メラミンスポンジカット用

バター①
（たまご色1枚）

フレンチノットSt.＜赤＞

バター②／ジャム
（たまご色1枚／赤1枚）

※ジャムのパーツに
ステッチする

折り線

食パン・耳
（黄土色2枚）

バゲット／バゲットサンド・本体
（08-1: アイボリー2枚）
（08-2: アイボリー4枚）

バゲット／バゲットサンド［メラミンスポンジカット用］

バゲット／バゲットサンド・マチ①
（08-1: 茶色1枚）（08-2: 茶色2枚）

バゲット／バゲットサンド・マチ②
（08-1: 黄土色1枚）（08-2: 黄土色2枚）

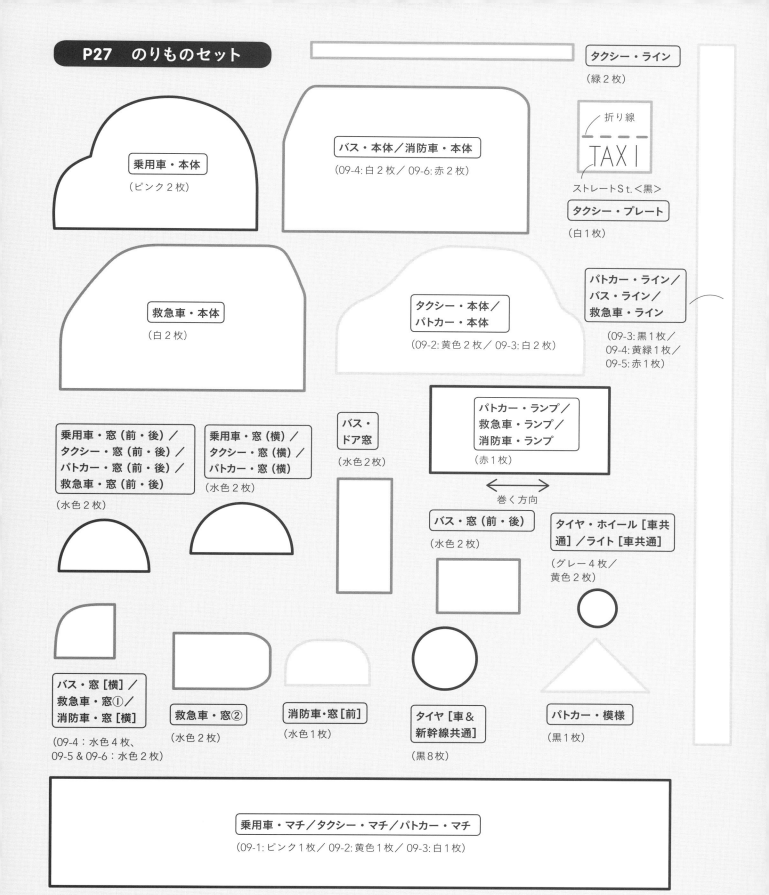

タクシー・ライン

（緑2枚）

バス・本体／消防車・本体

（09-4:白2枚／09-6:赤2枚）

乗用車・本体

（ピンク2枚）

折り線

TAXI

ストレートSt.＜黒＞

タクシー・プレート

（白1枚）

救急車・本体

（白2枚）

タクシー・本体／
パトカー・本体

（09-2:黄色2枚／09-3:白2枚）

パトカー・ライン／
バス・ライン／
救急車・ライン

（09-3:黒1枚／
09-4:黄緑1枚／
09-5:赤1枚）

乗用車・窓（前・後）／
タクシー・窓（前・後）／
パトカー・窓（前・後）／
救急車・窓（前・後）

（水色2枚）

乗用車・窓（横）／
タクシー・窓（横）／
パトカー・窓（横）

（水色2枚）

バス・
ドア窓

（水色2枚）

パトカー・ランプ／
救急車・ランプ／
消防車・ランプ

（赤1枚）

巻く方向

バス・窓（前・後）

（水色2枚）

タイヤ・ホイール［車共
通］／ライト［車共通］

（グレー4枚／
黄色2枚）

バス・窓［横］／
救急車・窓①／
消防車・窓［横］

（09-4：水色4枚、
09-5＆09-6：水色2枚）

救急車・窓②

（水色2枚）

消防車・窓［前］

（水色1枚）

タイヤ［車＆
新幹線共通］

（黒8枚）

パトカー・模様

（黒1枚）

乗用車・マチ／タクシー・マチ／パトカー・マチ

（09-1:ピンク1枚／09-2:黄色1枚／09-3:白1枚）

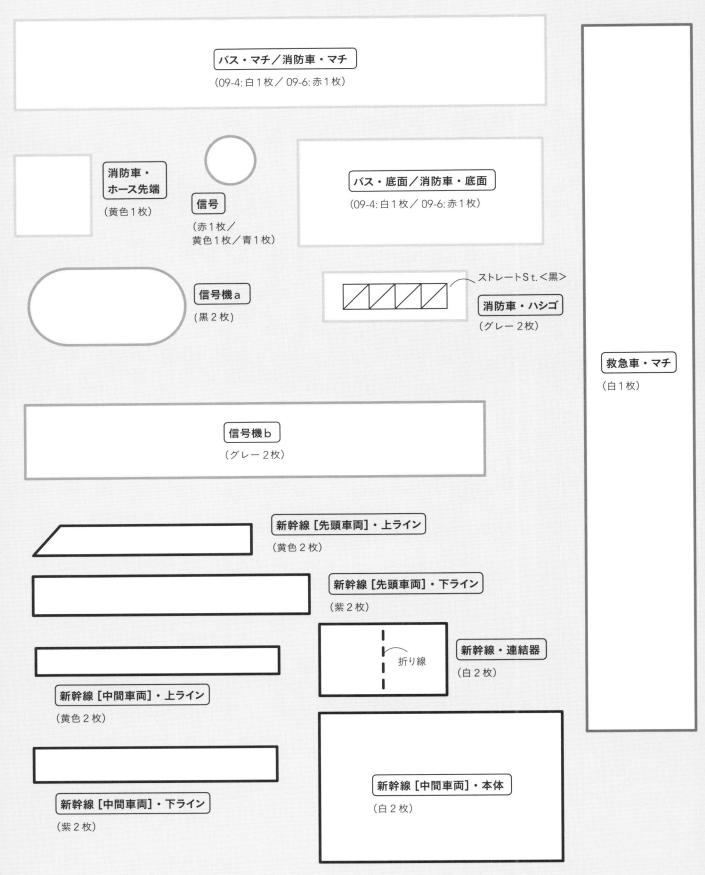

バス・マチ／消防車・マチ

(09-4:白1枚／09-6:赤1枚)

消防車・
ホース先端

(黄色1枚)

信号

(赤1枚／
黄色1枚／青1枚)

バス・底面／消防車・底面

(09-4:白1枚／09-6:赤1枚)

信号機a

(黒2枚)

ストレートSt.＜黒＞

消防車・ハシゴ

(グレー2枚)

救急車・マチ

(白1枚)

信号機b

(グレー2枚)

新幹線［先頭車両］・上ライン

(黄色2枚)

新幹線［先頭車両］・下ライン

(紫2枚)

折り線

新幹線・連結器

(白2枚)

新幹線［中間車両］・上ライン

(黄色2枚)

新幹線［中間車両］・下ライン

(紫2枚)

新幹線［中間車両］・本体

(白2枚)

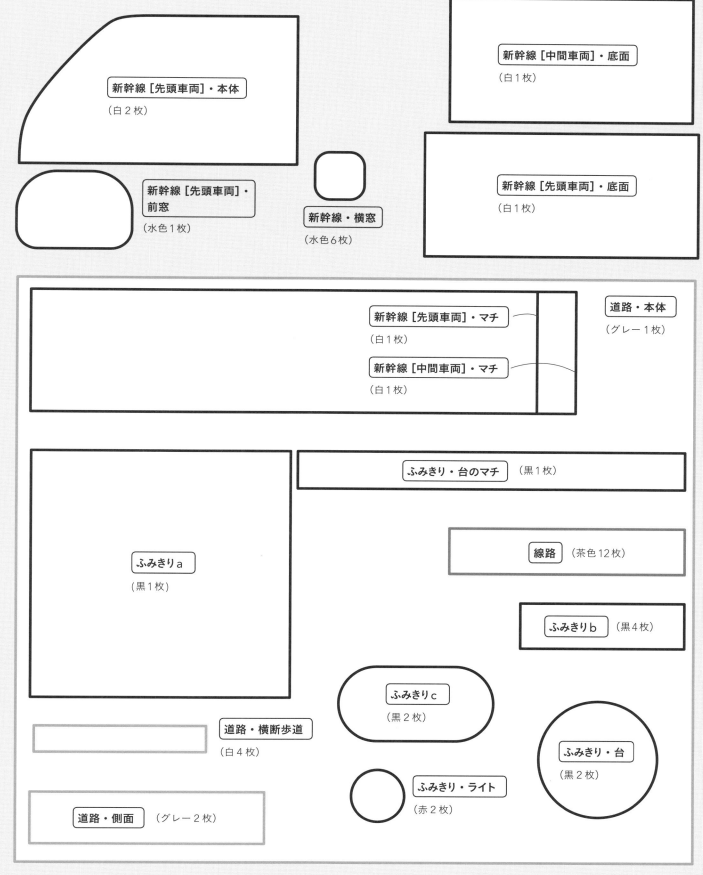

新幹線［先頭車両］・本体
（白 2 枚）

新幹線［中間車両］・底面
（白 1 枚）

新幹線［先頭車両］・前窓
（水色 1 枚）

新幹線・横窓
（水色 6 枚）

新幹線［先頭車両］・底面
（白 1 枚）

新幹線［先頭車両］・マチ
（白 1 枚）

新幹線［中間車両］・マチ
（白 1 枚）

道路・本体
（グレー 1 枚）

ふみきり・台のマチ　（黒 1 枚）

ふみきり a
（黒 1 枚）

線路　（茶色 12 枚）

ふみきり b　（黒 4 枚）

ふみきり c
（黒 2 枚）

ふみきり・台
（黒 2 枚）

道路・横断歩道
（白 4 枚）

ふみきり・ライト
（赤 2 枚）

道路・側面　（グレー 2 枚）

カメラ型ポーチ・本体①

(10-2a：黄色4枚、10-2b：こげ茶4枚、10-2c：赤4枚)

折り線

フレンチノットSt.　ストレートSt.
〈10-1a：赤〉　〈10-1a：緑〉
〈10-1b：茶色〉　〈10-1b：こげ茶〉
〈10-1c：黄色〉　〈10-1c：緑〉

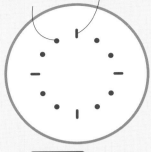

腕時計①　（白1枚）

カメラ型ポーチ・レンズ①

（水色1枚）

切り抜く

カメラ型ポーチ・ファインダー窓&とめ具①

（水色1枚、薄黄色1枚）

カメラ型ポーチ・レンズ②

(10-2a & 10-2b：茶色1枚、
10-2c：こげ茶1枚)

カメラ型ポーチ・花

(10-2a：薄黄色1枚、
10-2b：赤1枚、10-2c：黄色1枚)

カメラ型ポーチ・レバー

(10-2a：オレンジ2枚、
10-2b：黄色2枚、10-2c：薄黄色2枚)

折り線

2枚のうち
1枚切り抜く

腕時計②

(10-1a：黄色2枚)
(10-1b：こげ茶2枚)
(10-1c：赤2枚)

カメラ型ポーチ・本体②

(10-2a：緑2枚、10-2b & 10-2c：白2枚)

カメラ型ポーチ・上面&底面

(10-2a：緑2枚、黄色2枚)
(10-2b：白2枚、こげ茶2枚)
(10-2c：白2枚、赤2枚)
(厚紙2枚)

腕時計・ベルト通し　折り線

(10-1a：黄色1枚)
(10-1b：こげ茶1枚)
(10-1c：赤1枚)

カメラ型ポーチ・レンズ側面　(10-2a & 10-2b：茶色1枚)
(10-2c：こげ茶1枚)

カメラ型ポーチ・とめ具②

(10-2a & 10-2c：薄黄色2枚、
10-2b：白2枚)

カメラ型ポーチ・シャッターボタン　(10-2a：オレンジ1枚)
(10-2b & 10-2c：緑1枚)

腕時計・とめ具

（面ファスナー1枚）

フックはここで
切る

※ループを長く
フックを短くする

腕時計・ベルト

(10-1a：黄色2枚)
(10-1b：茶色2枚)
(10-1c：緑2枚)

腕時計・マチ　(10-1a：黄色1枚)　(10-1b：こげ茶1枚)　(10-1c：赤1枚)

腕時計・針①

(10-1a：オレンジ1枚)
(10-1b：赤1枚)
(10-1c：黄緑1枚)

腕時計・針②

(10-1a：黄緑1枚)
(10-1b：赤1枚)
(10-1c：薄黄色1枚)

おにぎり
（白2枚）

※切り抜く

おにぎり・くぼみ①
（2枚のうち
1枚を使用）

おにぎりの具②
[うめぼし・鮭・高菜]
（11-2:赤1枚）
（11-3:オレンジ1枚）
（11-4:黄緑1枚）

おにぎり・具③
[鮭・高菜]
（11-3:オレンジ7枚）
（11-4:緑7枚）

ハンバーグ
（茶色2枚）

ハンバーグ・ケチャップ
（赤1枚）

ブロッコリー・茎
（黄緑1枚）

玉子焼き・側面
（山吹色1枚）

にんじん・側面
（オレンジ1枚）

たこさんウインナー・外側
（赤1枚）

切り込みを
入れる

フレンチノットSt.
＜黒＞

たこさんウインナー・内側
（オレンジ1枚）

ストレートSt.＜赤＞

コロッケ・衣
（黄土色12〜13枚）

コロッケ・断面
（アイボリー1枚）

枝豆＆ピック・ピック
（11-6a:ピンク2枚）
（11-6b:黄色2枚）
フレンチノットSt.
＜たまご色＞

枝豆＆ピック・枝豆
（黄緑10枚）

たこさんウインナー・たこ口
（たまご色1枚）

たこさんウインナー・断面
（オレンジ1枚）

おにぎり・海苔
（面ファスナー
1枚）

うめぼしにステッチする
サテンSt.
＜黒＞
ストレートSt.
＜黒＞

おにぎりの具①[うめぼし・鮭・高菜]
（11-2:赤1枚）
（11-3:オレンジ1枚）
（11-4:黄緑1枚）

山吹色の2枚に
切り込みを入れる

玉子焼き・断面
（山吹色2枚）
（黄色2枚）

コロッケ・本体
（黄土色2枚）

ストレートSt.
＜緑＞

ブロッコリー
（緑4枚）

ストレートSt.
＜クリーム色＞
※2枚とも
ステッチする

にんじん・断面
（オレンジ2枚）

おにぎり・くぼみ②
（白1枚）

おにぎり・海苔
（黒1枚）

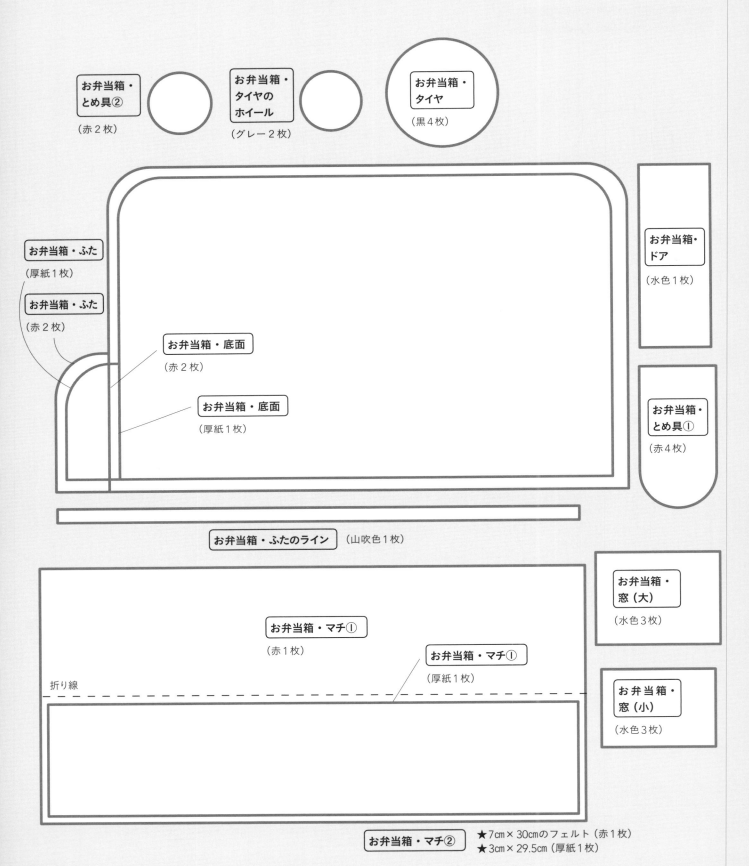

お弁当箱・とめ具② （赤2枚）

お弁当箱・タイヤのホイール （グレー2枚）

お弁当箱・タイヤ （黒4枚）

お弁当箱・ドア （水色1枚）

お弁当箱・ふた （厚紙1枚）

お弁当箱・ふた （赤2枚）

お弁当箱・底面 （赤2枚）

お弁当箱・底面 （厚紙1枚）

お弁当箱・とめ具① （赤4枚）

お弁当箱・ふたのライン （山吹色1枚）

お弁当箱・マチ① （赤1枚）

お弁当箱・マチ① （厚紙1枚）

折り線

お弁当箱・窓（大） （水色3枚）

お弁当箱・窓（小） （水色3枚）

お弁当箱・マチ② ★7cm×30cmのフェルト（赤1枚）
★3cm×29.5cm（厚紙1枚）

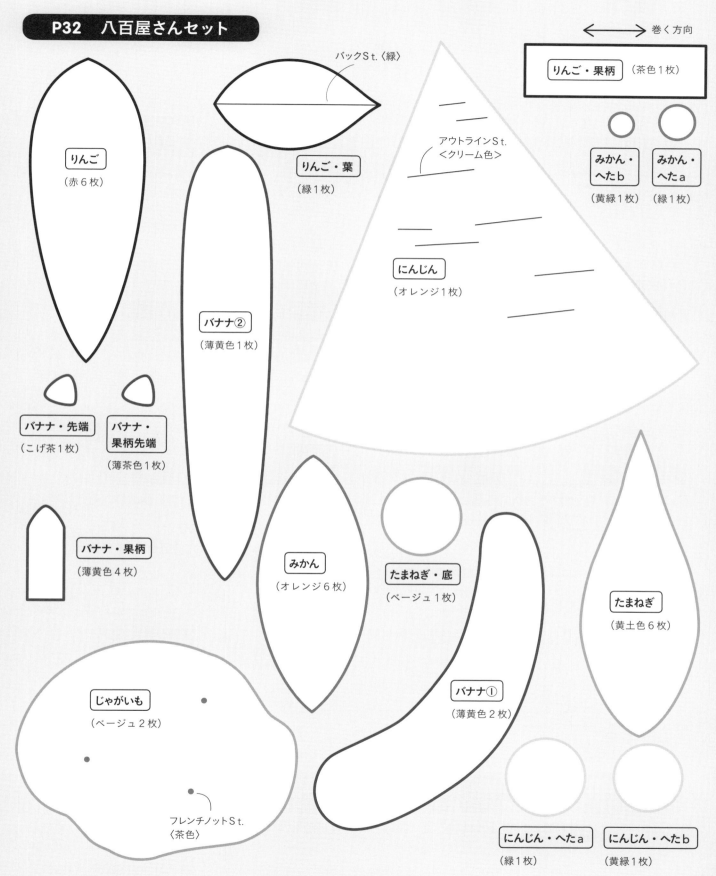

バックSt.〈緑〉

りんご
（赤6枚）

りんご・葉
（緑1枚）

アウトラインSt.
＜クリーム色＞

にんじん
（オレンジ1枚）

巻く方向

りんご・果柄　（茶色1枚）

みかん・
へたb
（黄緑1枚）

みかん・
へたa
（緑1枚）

バナナ②
（薄黄色1枚）

バナナ・先端
（こげ茶1枚）

バナナ・
果柄先端
（薄茶色1枚）

バナナ・果柄
（薄黄色4枚）

みかん
（オレンジ6枚）

たまねぎ・底
（ベージュ1枚）

たまねぎ
（黄土色6枚）

じゃがいも
（ベージュ2枚）

バナナ①
（薄黄色2枚）

フレンチノットSt.
〈茶色〉

にんじん・へたa
（緑1枚）

にんじん・へたb
（黄緑1枚）

PROFILE

minimofuu toy

フェルトトイ作家。動物、食べ物、生活雑貨など、身の回りのモチーフをアイデアに、たくさんのフェルト玩具を生み出し、型紙やレシピの販売で人気を集めている。気軽に作れるものから、じっくり取り組むボリューム感のあるものまで、幅広い作品があるのが特徴。知育系のおもちゃやかわいい動物マスコットに人気が集まり、全国に多くのファンを持つ。

インスタグラム：@minimofuu_toy
ホームページ：https://minimofuutoy.com

おねがい

本書の作品を作って売ったり、インターネット上にアップするときには、下記のように、書籍名と出版社名を記載いただけますようお願いいたします。

『minimofuu toyの子どもがよろこぶ
フェルトのごっこあそびとおままごと』（朝日新聞出版）
の型紙を使用（もしくは参考）

STAFF

ブックデザイン	池田香奈子
撮影	北原千恵美
スタイリング	露木藍
モデル	あさ、あらた、さほ、たいし、みつき（五十音順）
撮影協力	佐々木純子
イラスト・製図	小池百合穂
編集協力	株式会社スリーシーズン（吉原朋江）
撮影協力	AWABEES
	UTUWA

minimofuu toy の
子どもがよろこぶ
フェルトのごっこあそびとおままごと

監 修	minimofuu toy
編 著	朝日新聞出版
発行者	片桐圭子
発行所	朝日新聞出版
	〒104-8011　東京都中央区築地 5-3-2
	（お問い合わせ）infojitsuyo@asahi.com
印刷所	図書印刷株式会社

©2021 Asahi Shimbun Publications Inc.
Published in Japan by Asahi Shimbun Publications Inc.
ISBN　978-4-02-334044-2